LA UNCIÓN SANTA

GUILLERMO MALDONADO

LA UNCIÓN SANTA

Nuestra Visión

Llenar la tierra con el conocimiento de la gloria de Dios

"Yo te he llamado a traer
Mi poder sobrenatural a esta generación".

La Unción Santa

Tercera edición 2006

Publicado en la Librería del Congreso
Certificado de Registración: TX 5-725-488

ISBN: 978-1-59272-003-3

Portada:
ERJ Publicaciones

Categoría:
La Unción

Publicado por:
ERJ Publicaciones
13651 SW 143 Ct., Suite 101, Miami, FL 33186
Tel: (305) 233-3325 – Fax: (305) 675-5770

Impreso por:
ERJ Publicaciones, EUA

❧ Dedicatoria ☙

Dedico este libro a mi familia, a mi esposa Ana, a mis hijos Ronald y Bryan, quienes me inspiran a seguir adelante en el ministerio; y además, son el tesoro más grande que Dios me ha dado después de Él.

También, quiero agradecer a los intercesores, quienes han orado por mí y por el ministerio.
Y a todo el equipo de trabajo de ERJ Publicaciones, quienes hicieron posible este trabajo.

౿ Índice ౷

✂ Prefacio ✃

En mis viajes a través de Latinoamérica y de los Estados Unidos, he podido observar que, en muchas naciones, se está viviendo un despertar espiritual; y las iglesias crecen y se multiplican de manera nunca vista. Encontrar mega iglesias no es difícil, al contrario, múltiples iglesias de miles de asistentes cubren el panorama de varias ciudades del continente. Sin embargo, es difícil hallar iglesias hispanas que estén experimentando este tipo de crecimiento en los Estados Unidos y Canadá. Una de las pocas de más rápido crecimiento es la que dirige el apóstol Guillermo Maldonado, llamada *Ministerio Internacional El Rey Jesús*. La misma está ubicada en la ciudad de Kendall, en Miami, Florida. He ministrado varias veces en esa congregación y he podido observar, personalmente, la entrega y dedicación de sus líderes y voluntarios, más el compromiso de sus miembros con la extensión del reino de Dios en la ciudad de Miami.

Hay un factor que surge a la vista como una de las razones por las cuales esta congregación está experimentando un rápido crecimiento: **LA UNCIÓN** está presente allí. Indudablemente, el liderazgo que se ha levantado está siendo capacitado adecuadamente para ministrar; se le ha impartido la unción de su mentor, padre espiritual y maestro.

En este valioso volumen, el autor relata aquello que ha ido aprendiendo y observando, durante el desarrollo de su ministerio, acerca de este valioso don de Dios que es la UNCIÓN. Creo que este libro llega en un momento muy necesario para ayudar a muchos que están trabajando en la obra, pero que no han podido ver el fruto de su labor.

Recomiendo este libro a los pastores que desean ver el crecimiento en sus congregaciones. Si lo ponen por obra, estoy seguro de que comenzarán a ver resultados asombrosos en poco tiempo.

Dr. Héctor P. Torres,
Presidente de
Hispanic International Ministries
Woodland Park, CO USA

❧ Comentarios ☙

Hoy día, encontramos gran cantidad de libros cristianos en proceso de publicación y otros que ya han sido publicados. A medida que el tiempo pasa, usted llega a diferenciar los que han sido escritos acerca de Jesús, de los que escriben hombres y mujeres que conocen a Jesús. En otras palabras, notará la diferencia cuando lea un libro de alguien que tiene una relación íntima con Dios, porque no se puede testificar de lo que no se ha experimentado.

En sus manos, tiene un libro altamente ungido que, además, brinda una de las enseñanzas más exactas acerca de la unción. "El Ungido" se ha manifestado y ha ministrado la vida de este autor, y su libro lo llevará a experimentar un nivel más alto de unción del que usted conoce.

El autor pastorea la congregación hispana más grande en el estado de la Florida, pero reconoce, hasta lo más profundo de su ser, que todo lo debe a la sobreabundante gracia de Dios. Así como dijeron de Jesús: "Él habla como uno que tiene autoridad...".

Dr. Ronald E. Short
Apóstol-Maestro / Evangelista Misionero

11

* * *

El apóstol Guillermo Maldonado conoce la Unción. Este libro es poderoso y revelador. Después de leerlo, usted tendrá un mayor entendimiento sobre ella y un mejor fluir del poder del Espíritu Santo en su vida.

Cindy Jacobs
Generales de Intercesión

* * *

El pastor y apóstol Guillermo Maldonado ha bendecido al cuerpo de Cristo con una mayor comprensión en cuanto a lo que es y lo que no es la unción de Dios. Al leer este libro, usted descubrirá cómo apropiarse y mantener la unción que Dios ha ordenado para su vida y su ministerio. Éste es uno de los mejores libros que jamás se hayan escrito sobre la unción.

Dr. Bill Hamon
Christian International Ministries Network

* * *

Línea tras línea, precepto sobre precepto enseñado en *La Unción Santa* hay una referencia ideal para los que toman seriamente el ministerio. El conocimiento del pastor Maldonado en la materia es doble; porque provee, no sólo principios fundamentales, sino que, también, comparte su aplicación práctica. Combina, de forma excelente, el "qué" con el "cómo" en cuanto al aspecto intangible de la unción. Este libro *debe ser leído* por quienes ejercen el ministerio o están en posiciones de liderazgo.

Dr. Kingsley Fletcher
Autor, Conferencista Internacional, Pastor
Ministerios Kingsley Fletcher
Research Triangle Park, North Carolina

* * *

Éste es, sin lugar a dudas, un libro ungido; que sale del corazón de Dios para preparar una generación poderosa que manifieste sus obras. Un libro que tocó mi corazón por la extraordinaria claridad con que el Espíritu Santo pone a nuestro alcance verdades profundas que transforman vidas.

La unción apostólica de Guillermo Maldonado se deja sentir a lo largo de estas páginas, estableciéndonos en nuevos niveles de autoridad y conocimiento de la mayor herencia de Cristo: el Espíritu Santo. Éste es "un clásico" que todo el cuerpo de Cristo debe leer.

Ana Méndez Ferrell
Shabac Ministries

ᔆ Introducción ᔆ

Por muchos años, he visto un gran número de líderes en el cuerpo de Cristo siendo levantados y usados por Dios en un momento determinado, pero, después, caen. Creo que una de las razones es que no han sabido cuidar la unción de Dios en sus vidas.

Con este libro, me propongo brindar principios para permanecer en la unción y no familiarizarse con ella, ni tomarla livianamente. Mi intención es que, esta nueva generación de líderes que el Señor está levantando pueda conocer la Unción, el propósito de la misma y, sobre todo, cómo fluir en ella.

Me he encontrado con un sinnúmero de ministros que saben cómo hacer muchas cosas, pero no cómo fluir con la unción del Espíritu Santo. Recuerde que la unción es una persona, no una cosa. Esa persona es el Espíritu Santo y, si aprendemos a fluir con Él, veremos el poder de Dios manifestado.

Hay otros puntos que deseo enfatizar en este libro y, entre ellos está el carácter de la persona ungida. Creo que la razón principal por la cual estos líderes ungidos han caído antes, es porque no tenían su carácter desarrollado. En este libro, explico por qué el carácter es el fundamento, el pilar que sostiene todo el edificio de la unción. Si el carácter no se desarrolla, entonces, el peso de la unción nos hará caer y fracasar en el ministerio. Espero que, a través de este libro, usted pueda aprender principios duraderos que hagan que la unción de Dios aumente cada día en sus vidas y, a la vez, obtengan grandes resultados.

CAPÍTULO 1

La unción

E l gran éxito que han obtenido algunos líderes cristianos es debido a que han aprendido a depender de la Unción de Dios en sus vidas. Sin la Unción divina, un líder no producirá frutos para el reino de Dios. La iglesia de hoy necesita, con desesperación, la unción del Espíritu Santo para salir del letargo religioso en que ha caído. En estos tiempos, todos los cristianos hablan de la unción del Espíritu Santo, pero ¿cuántos realmente entienden lo que es la unción? Algunos piensan que es un sentir físico, otros lo interpretan como algo mágico.

Lamentablemente, la mayoría de los líderes de hoy son adiestrados en instituciones con métodos del mundo, en seminarios académicos con altos niveles de educación; también son adiestrados según el punto de vista humano, pero no se les enseña a fluir en el poder sobrenatural de la unción de Dios. Estos seminarios forman al estudiante convencidos de que han aprendido el "cómo hacer las cosas". Se gradúan confiados porque han adquirido los métodos para preparar un sermón, predicar, bautizar, conducir un servicio y hacer que la iglesia crezca.

Obviamente, aprender y conocer el "cómo hacerlo" es importante, pero no es lo único, y mucho menos, suficiente. Esta preparación debe estar acompañada de la vida del Espíritu, porque de nada sirve saber cómo hacer algo si la unción de Dios no nos respalda. Cuando a estos líderes cristianos les llega el tiempo de poner en práctica lo que han aprendido a hacer y no obtienen los resultados deseados, se frustran porque:

"No (es) con ejército, ni con fuerza, sino con mi Espíritu, ha dicho Jehová de los ejércitos". Zacarías 4:6

Antes de estudiar qué es la unción, estableceremos lo que *no* es la unción. Hay personas que tienen una idea vaga, pero realmente no tienen claro el concepto.

¿Qué no es unción?

La unción no es una mera habilidad natural, un profesionalismo, un "show" externo, una oratoria espectacular, ni una formación en homilética. Tampoco es el reconocimiento de una organización ni buenas técnicas de oratoria; no es el resultado de una buena educación, ni una religiosidad externa; no se trata de emocionalismo ni una reunión religiosa muy callada; tampoco es gritar mucho, hablar suave o seguir un método. Ninguna de estas cosas trae la verdadera unción ni la representa. Con esto en mente, ahora definiremos lo que realmente es la unción.

¿Qué es unción?

Palabras hebreas para describir UNCIÓN:

Balal: Su raíz principal significa inundar, rebosar (especialmente con aceite), ungir, mezclar, amasar, comer, confundir.

Dashén: Su raíz principal significa estar gordo, estar especialmente satisfecho, ungir, satisfacer, engordar, engrasar, prosperar.

Mashákj: Su raíz principal significa frotar con aceite, ungir, consagrar, pintar, unción, ungido, untar, elegir.

Shémen: Una forma de aceite, especialmente líquida, que con frecuencia es perfume. Figurativamente, riqueza, fama, aceite, bálsamo, óleo, oliva, olivos, perfume, suculento, unción, ungüento.

Palabras griegas para describir UNCIÓN:

Aleífo: (como partícula de unión) es ungir con perfume.

Encrío: untar, frotar, masajear, cubrir con aceite; primero, frotar adentro y luego, embarrar.

Epicrío: Cubrir, frotar sobre o por encima con aceite.

Murízo: Aplicar ungüento, perfume o algo. Ungir el cuerpo para la sepultura.

Jrío: Untar con aceite para consagrar, para servir. Unción sagrada, óleo de alegría, para consagrar a una oficina ministerial o al servicio religioso.

Palabras en español para describir UNCIÓN:

Unción: Untar con aceite.
Ungido: Una persona consagrada para Dios.

Si queremos llegar a una definición general de la palabra unción, podemos combinar los significados de los tres idiomas.

Unción: Es el acto mediante el cual Dios consagra, unge y capacita a un individuo con sus cualidades y virtudes, con el propósito de que le sirva para su obra.

"Pero tu aumentarás mis fuerzas como las del búfalo; seré ungido con aceite fresco". Salmos 92:10

"Entonces el Espíritu de Jehová vendrá sobre ti con poder, y profetizarás con ellos, y serás mudado en otro hombre".
1 Samuel 10:6

La definición bíblica de Unción es: La acción del Espíritu Santo cuando nos imparte y nos cubre, nos arropa con sus características, con sus cualidades y con sus virtudes; nos frota y unge nuestro espíritu, de manera directa, con su personalidad y su carácter.

La palabra **poder** en el idioma griego es *"dúnamis"* y significa la habilidad de obtener resultados. Si le podemos dar una definición simple a Unción, diríamos que: es la habilidad sobrenatural para obtener grandes resultados. Por ejemplo, un cantante puede cantar bien, pero con la Unción cantará maravillosamente y su impacto será grandioso. Si usted es un ministro, ama de casa o maestro y la Unción está sobre usted, tendrá grandes resultados en lo que hace.

Definiciones y ejemplos adicionales que ayudan a entender mejor el significado de UNCIÓN

La unción del Espíritu Santo es la evidencia de que Dios nos ha dado habilidades sobrenaturales, que superan las naturales, para predicar, enseñar, cantar, o cualquier otra cosa que hagamos para su Reino.

Ejemplos:

- Cuando se predica un mensaje espontáneo.

- Cuando el mensaje predicado trae resultados en la vida de los oyentes, aunque no se sigan las reglas gramaticales de la lengua, o las directrices de la homilética o la hermenéutica.

23

* Cuando una canción tiene el toque especial de la presencia de Dios, aunque los músicos no sean profesionales.

* Cuando un cantante y/o músico canta o toca su instrumento, de forma espontánea y edifica a la congregación.

* Cuando el líder siente una necesidad particular de ministrar necesidades específicas del pueblo.

"Y ni mi palabra ni mi predicación fueron con palabras persuasivas de humana sabiduría, sino con demostración del Espíritu y de poder, para que vuestra fe no esté fundada en la sabiduría de los hombres, sino en el poder de Dios".
1 Corintios 2:4, 5

* Cuando las personas vienen al altar quebrantadas, llorando, arrepintiéndose de sus pecados, sin la ayuda humana y sin emocionalismo.

* Cuando un ser humano se levanta en el poder del Espíritu de Dios, ministra la Palabra por iluminación profética y habla directamente a la necesidad de la gente.

¿Cómo nos afecta la falta de Unción?

Piénselo de esta manera: Si tengo un micrófono y sé cómo usarlo, cuando lo prendo, hablo a través de él y mi voz se amplifica. Si alguien corta la electricidad, a pesar de que sé todo el funcionamiento del micrófono y del equipo de sonido, mi voz no será amplificada. ¿Por qué? Porque, donde no fluye la electricidad, no no funcionan los equipos eléctricos, y todo el esfuerzo es vano. Del mismo modo, sin la unción, no es posible ver resultados sobrenaturales en nuestra vida.

La Unción en el Antiguo Testamento

La Unción, en el Antiguo Testamento, solamente reposaba sobre personas específicas, tales como: reyes, sacerdotes y profetas. Dios consagraba y capacitaba a estas "oficinas ministeriales" para su servicio y para el servicio del pueblo. La unción venía sólo por un tiempo específico y luego, se iba, no residía de modo permanente en esas personas.

La Unción en el Nuevo Testamento

Dios nos ha dado la Unción de dos maneras:

1. La unción interna

"Pero vosotros tenéis la unción del Santo, y conocéis todas las cosas". 1 Juan 2:20

"Respondió Jesús y le dijo: Cualquiera que bebiere de esta agua, volverá a tener sed; mas el que bebiere del agua que yo le daré, no tendrá sed jamás; sino que el agua que yo le daré será en él una fuente de agua que salte para vida eterna". Juan 4:13, 14

Jesús le llamó al nuevo nacimiento y a la unción interna el agua que sale de una fuente. Así que, si hay una sola fuente, significa que no es para darla a muchos; pero más adelante Jesús habló de ríos, refiriéndose a la Unción sobre nosotros.

¿Cuál es el propósito de la unción interna?

a. **Enseñar:** Dios usa la Unción interna para enseñarnos todas las cosas.

"Pero la unción que vosotros recibisteis de Él permanece en vosotros, y no tenéis necesidad de que nadie os enseñe; así como la unción misma os enseña todas las cosas, y es verdadera, y no es mentira, según ella os ha enseñado, permaneced en Él". 1 Juan 2:27

b. **Guiar:** Es un testimonio en nuestro espíritu que nos guía a toda verdad. En cierta oportunidad, estuve en una reunión donde había una mujer predicando. En mi corazón, yo sentía que ella estaba enseñando algo errado. A pesar de ser un nuevo creyente, la Unción en mi interior me guiaba y me hacía saber que eso aquello no era de Dios. Más tarde, los pastores de esa ciudad escribieron y publicaron una carta, afirmando que esta persona enseñaba falsa doctrina. La unción interna confirmó a mi espíritu, dándome un testimonio interno del error.

c. **Desarrollar el carácter de Cristo**. La Unción que está dentro de nosotros representa el carácter de Jesús desarrollado; nos capacita para dar fruto de amor, bondad, mansedumbre, templanza, y más. No nos será posible desarrollar el carácter de Cristo sin la Unción interna.

2. La Unción especial o sobre nosotros

"Pero recibiréis poder, cuando haya venido sobre vosotros el Espíritu Santo, y me seréis testigos en Jerusalén, en toda Judea, en Samaria, y hasta lo último de la tierra". Hechos 1:8

Esta unción es dada por el Espíritu Santo para llevar a cabo el llamado de Dios en nuestra vida, con la capacidad que ésta nos da para hacerlo. La palabra de Dios nos enseña que hay una medida de Unción para cada cristiano. La Unción nos guía y nos enseña todas las cosas, pero hay una unción especial dada a algunos, de acuerdo al llamado de Dios sobre sus vidas. Cuando Jesús habló de la Unción sobre Él, habló de ríos de agua viva. Los ríos son para darle de beber a muchos.

"En el último y gran día de la fiesta, Jesús se puso en pie y alzó la voz, diciendo: Si alguno tiene sed, venga a mi y beba. El que cree en mí, como dice la Escritura, de su interior correrán ríos de agua viva". Juan 7:37, 38

La Unción especial hace dos cosas:

- Capacita
- Consagra

La Unción especial es para llevar a cabo el llamado que Dios ha puesto en nuestra vida. El ejemplo lo vemos con el apóstol Pablo:

"Y hacía Dios milagros extraordinarios por mano de Pablo, de tal manera que aún se llevaban a los enfermos los paños o delantales de su cuerpo, y las enfermedades se iban de ellos, y los espíritus malos salían". Hechos 19:11, 12

Para entender mejor qué es la Unción, lo resumiremos de la siguiente manera: la Unción es lo que nos da la habilidad para obtener resultados sobrenaturales en nuestro ministerio, llamado, negocio, familia, entre otros. Si queremos cumplir el llamado de Dios sin unción, fracasaremos y no veremos el poder sobrenatural de Dios en nuestras obras.

La Unción fue dada **internamente** para poder vivir la vida cristiana de forma victoriosa en la Tierra, para desarrollar el carácter de Jesús y para que podamos dar un buen testimonio. La Unción **"sobre"** nos fue dada para llevar a cabo el llamado de Dios en nuestra vida, y la recibimos cuando somos llenos del Espíritu Santo. Esto se evidencia con hablar en otras lenguas. La Unción interna se recibe al nacer de nuevo. De cualquier manera, pidamos a Dios que nos imparta este aceite precioso, tanto a nivel interno como a nivel externo, o sobre, pues es extremadamente necesario para que cumplamos su voluntad, terminemos su obra e impactemos este mundo con el establecimiento del reino de Dios en esta Tierra.

CAPÍTULO 2

La unción
y el carácter

D ios desea un balance entre lo que es el carácter, el carisma, el fruto y el poder. Sin embargo, hay líderes que le dan demasiado énfasis al carisma y poco al carácter, sin tener en cuenta que lo que sostiene el carisma es el carácter. Más adelante, en este capítulo, ampliaremos estos conceptos. Por el momento, definiremos ambos puntos:

¿Qué es carisma?

Carisma es el conjunto de habilidades y dones dados por Dios gratuitamente. No tuvimos que hacer nada para recibirlos.

¿Qué es carácter?

Carácter es lo que somos internamente, que pensamos y hacemos cuando estamos solos. Además, es la manera de reaccionar cuando estamos bajo presión, tanto en público como en privado, la actitud que tenemos cuando nos maldicen o nos critican.

Sin lugar a dudas, el fundamento de un líder es su carácter, y sobre esta base se edifica un ministerio, y un carisma. Si el siervo de Dios está bien fundamentado, podrá levantar un ministerio fuerte; si por el contrario, es de carácter débil, su ministerio será vulnerable a la tentación y a las circunstancias que ataquen la vida de ese hombre.

Una persona con mal carácter puede destruir, en un segundo, lo que le ha tomado años edificar. Con mal carácter, puede herir a otros, y con mal testimonio, puede manchar el Evangelio, causar grandes conflictos en las iglesias, traer división a los matrimonios, etcétera. Los individuos con mal carácter, mienten y su conducta y proceder desagradan a Dios.

Un buen ejemplo es el de un pastor que lleva a su congregación una persona que canta maravilloso y toca el piano de una manera espectacular, pero vive una doble vida. En su casa es un mal padre y un mal esposo, tiene una personalidad explosiva, maltrata a sus hijos verbalmente y no tiene una comunión íntima con Dios. El ministerio de este individuo está basado en dones, talentos y carisma, mas no en el carácter. El peligro de esto, es que, en cualquier momento, este individuo puede caer.

¿Qué hacemos con una persona así? Los dones son dados por Dios a todos los seres humanos; el carácter es un trabajo que involucra la voluntad del hombre. Este músico y toda persona que quiera desarrollar sus dones para servir a Dios y ser exitoso en la vida, necesita que su carácter sea formado. Allí es donde entra en acción los hombres y mujeres que Dios ha señalado como padres espirituales o mentores.

"Pero a cada uno de nosotros fue dada la gracia conforme a la medida del don de Cristo. Por lo cual dice: Subiendo a lo alto, llevó cautiva la cautividad, y dio dones a los hombres. Y eso de que subió, ¿qué es, sino que también había descendido primero a las partes más bajas de la tierra? El que descendió, es el mismo que también subió por encima de todos los cielos para llenarlo todo. Y él mismo constituyó a unos, apóstoles; a otros, profetas; a otros, evangelistas, a otros, pastores y maestros". Efesios 4:7-11

Personas como él necesitan un mentor que los tome de la mano, los guíe, los corrija, que los ame y que los ayude a madurar su carácter. Cuando los pastores deseamos poner a alguien en una posición de liderazgo, siempre debemos preguntarnos si esa persona tiene un carácter maduro, si es el mismo en público y en privado.

Entonces, **carisma** es: el talento y la habilidad dada por Dios cuando somos llamados a servirle. Es un don gratuito; no tuvimos que hacer nada especial para ganarlo. ¿Cómo la recibimos? ...por Su gracia; no toma mucho tiempo adquirirlo. Como pastor, yo no tuve que hacer nada para tener la habilidad de predicar. Predicar, para mí, fue un don que Dios me impartió cuando me llamó. Sí tuve que hacer para pulirlo y desarrollarlo, pero no para obtenerlo. No tuve que pagar un precio por esto.

¿Qué es carácter?

Como mencionamos anteriormente, el carácter es el interior de una persona que se manifiesta en sus acciones, principalmente, cuando está bajo presión. Lo podemos definir como la suma total de sus características positivas y negativas que salen a la superficie en su diario caminar. El verdadero carácter de una persona se revela cuando las circunstancias, las personas y los problemas traen presión a su vida.

Tomemos como ejemplo a una mujer enamorada de un hombre. Cuando estaban de novios, él era muy dulce, amable y cortés, pero cuando se casaron, empezaron los roces. Cuando venían los momentos de presión, él explotaba en ira, decía malas palabras, entre otras cosas. Éste era el verdadero carácter del hombre; había sido siempre así, lo que sucede es que ella no lo había visto bajo presión. El verdadero carácter salió a relucir cuando vinieron los conflictos. El carácter de una persona sale a la superficie, cuando la presión de la vida está sobre él.

El carácter de una persona se manifiesta de siete maneras:

- **En el pensamiento:** es cuando un individuo, frecuentemente, tiene malos pensamientos y medita en ellos. La palabra dice que, de la manera en que el hombre piensa en su corazón, así es él.

"Porque cual es su pensamiento en su corazón, tal es él."
Proverbios 23:7

- **En los valores:** Los valores son aquello por lo que estamos dispuestos a morir o a entregar la vida. Es actuar de acuerdo a nuestras creencias y a lo que somos interiormente. Son la base del accionar humano diario.

- **En las motivaciones:** Lo que nos motiva a actuar, nace en el carácter. Si la motivación es incorrecta, refleja quiénes somos por dentro.

- **En las actitudes:** Éstas nacen del carácter –tanto las positivas como las negativas–. Las actitudes son contagiosas, sean positivas o negativas. Es importante observar nuestra actitud hacia la vida; así podremos medir la madurez de nuestro carácter.

- **En los sentimientos:** Los sentimientos se expresan a través del carácter.

- **En las acciones:** El carácter se refleja en cada uno de nuestros hechos.

A diferencia del carisma, que es un regalo de Dios y nada tenemos que hacer para desarrollarlo, el carácter no es instantáneo. Para tener un buen carácter, tenemos que morir a nuestro ego, a nuestra imagen, a nuestros sueños, a nuestros propios deseos; crucificar la carne y modelar la imagen de Cristo. Él desea cambiar y formar nuestro carácter.

En el curso de mi propio ministerio, he aprendido que Dios nos usa sólo en la medida en que nuestro carácter se va perfeccionando. De no ser así, los dones y las habilidades que hemos recibido se convertirían en nuestra propia destrucción.

El carisma es dado,
el carácter es desarrollado.

¿Cómo desarrollar el carácter de Cristo en nosotros?

- **A través de los tratos de Dios:** éstos son instrumentos diseñados por Dios para desarrollar este fin. A veces, Dios tiene que lidiar con nosotros de una manera fuerte, para cambiar nuestro carácter.

- **Las pruebas y las tribulaciones:** que están diseñadas para pulir, desarrollar y mejorar nuestro carácter.

¿Cuáles son las cualidades más importantes del carácter para incrementar y fluir en la Unción?

Para tener un ministerio con buen fundamento, existen virtudes que deben ser parte de nuestro carácter.

A continuación, vamos a estudiar cada una de ellas y ver su aplicación a nuestro carácter:

• **La integridad:** cuando decimos que alguien es íntegro, nos referimos a uno que no tiene mancha moral, uno que no tiene motivaciones impuras, que no tiene corrupción, sino que es puro, completo, unificado en espíritu, alma y cuerpo.

"Presentándote tú en todo como ejemplo de buenas obras; en la enseñanza mostrando integridad, seriedad". Tito 2:7

La integridad es una parte fundamental en la vida de todo creyente que desea moverse en la unción del Espíritu Santo. El Señor no usa ni derrama su unción en personas cuyos motivos tengan que ver con engrandecer a un hombre, un ministerio o una organización. Un hombre íntegro es siempre el mismo, tanto en público como en privado; no importa donde esté, con su familia, en la iglesia, en el trabajo, no tiene miedo de mostrar sus debilidades y faltas, porque no vive por apariencias, sino que es transparente y maduro. Las personas íntegras cumplen su palabra siempre.

"Alegraos, oh justos, en Jehová; en los íntegros es hermosa la alabanza". Salmos 33:1

"La integridad de los rectos los encaminará; pero destruirá a los pecadores la perversidad de ellos". Proverbios 11:3

- **La humildad:** es reconocer que todo lo que somos y tenemos viene de Dios. Es conocer nuestra identidad en Cristo, sin jactarnos ni deprimirnos. Es tener la habilidad de transferir la gloria a Dios. Todo el que desee fluir en la Unción debe caminar en humildad, reconociendo siempre su total dependencia de Dios, dándole la gloria en todo tiempo. Es, también, considerar a los demás superiores a sí mismo.

"Porque así dijo el Alto y Sublime, el que habita la eternidad, y cuyo nombre es el Santo: Yo habito en la altura y la santidad, y con el quebrantado y humilde de espíritu, para hacer vivir el espíritu de los humildes, y para vivificar el corazón de los quebrantados". Isaías 57:15

- **La obediencia:** Hay virtudes que hacen a un hombre y a una mujer grandes delante de Dios. Una de esas grandes virtudes es la obediencia. Cuando Dios le confía su unción a una persona, espera que ésta sea obediente. Él mismo dijo: *"obediencia quiero y no sacrificio".* Un pequeño acto de obediencia puede abrir grandes puertas en el Señor. Juan el Bautista nunca sanó un enfermo, nunca resucitó un muerto, nunca abrió el mar, ni hizo algún milagro, sin embargo, Jesús dijo lo siguiente de él:

"...entre los que nacen de mujer no se ha levantado otro mayor que Juan el Bautista; pero el más pequeño en el reino de los cielos, mayor es que él". Mateo 11:11

La pregunta que surge es: ¿Qué hizo grande a Juan si no hizo ningún milagro? Por supuesto que fue su **obediencia** al llamado de Dios en su vida. En otras palabras, la obediencia impresiona al Señor y nos puede llevar a ser grandes delante de sus ojos.

- **La sumisión:** Es dar cuentas de nuestras acciones y decisiones a alguien. Debemos dar cuentas de todo (matrimonio, ministerio, entre otros). Ésta es una actitud sabia y prudente de un creyente, líder o ministro. Hacer esto es bueno por dos razones:

  ❑ **Para tener cobertura espiritual.** Debemos tener a alguien que nos corrija cuando nos equivocamos, que esté sobre nosotros para supervisar nuestra doctrina, familia y decisiones.

  Yo creo que no hay un hombre o una mujer que haya escalado tan alto que no necesite cobertura espiritual. No importa si es apóstol, profeta, maestro, evangelista, pastor o reverendo, usted necesita una cobertura espiritual, –si bien esto no significa estar afiliado a ningún concilio–.

  Personalmente, yo como pastor les doy cuentas a hombres con madurez y peso espiritual. No lo hago porque me lo impongan, sino voluntariamente, basado en una relación de pacto, de amor, de compañerismo, sin que esto afecte la visión del ministerio. Hoy día, encontramos gran cantidad de ministros, en especial cantantes, que no se someten ni le dan cuentas de su ministerio y de su vida a nadie. Eso puede ser muy peligroso. Porque ¿quién corrige a esa persona si entra en falsa doctrina, si cae en pecado o si hace algo indebido?

❑ **Para protección de nuestra vida y ministerio.** Teniendo una cobertura espiritual, siempre habrá alguien que nos corrija si hagamos algo mal. Ésta es la única manera de crecer correctamente. La cobertura protege nuestro ministerio, familia y todo lo que ha sido puesto bajo nuestro cuidado.

Los pastores también necesitamos tener quién nos aconseje y nos ministre. Ningún pastor puede buscar consejería en sus ovejas, debido a que no están lo suficientemente maduras como para que abramos nuestro corazón sin que esto las afecte. En cambio, si tenemos una cobertura espiritual o un mentor, éste podrá escucharnos sin divulgar lo que le decimos, sino que nos ayudará y nos restaurará. Obviamente, debe ser alguien que sepa más que nosotros y que tenga más virtudes. Estar bajo cobertura es una bendición.

- **La pureza:** En el Antiguo Testamento, cuando una persona era ungida, pasaba por un proceso de limpieza. Dios derrama su unción en vasos limpios y puros. Cuando hablamos de pureza, nos referimos a dos cosas en particular: **motivos e intenciones**. Dios no puede derramar su unción en un individuo que tiene motivos e intenciones impuras. Pues entonces, ministrará la unción a otros junto con la impureza. A continuación, detallaré principios que siempre aplico a mi vida y que usted también puede y debe aplicar a la suya, para mantener sus motivos e intenciones puros:

❑ **Hacer todo en el nombre de Jesús**; sólo así tendrá la garantía del respaldo de Dios.

"Y todo lo que hacéis, sea de palabra o de hecho, hacedlo todo en el nombre del Señor Jesús, dando gracias a Dios Padre por medio de Él". Colosenses 3:17

❑ **Hacerlo de todo corazón.** Esto implica hacerlo con todas sus fuerzas, con su inteligencia, con todo lo que puede dar –y no para los hombres, sino para Dios–. Si canta, si predica, si danza, no lo haga a medias, sino con todo su corazón.

"Y todo lo que hagáis, hacedlo de corazón, como para el Señor y no para los hombres". Colosenses 3:23

❏ **Hacerlo para la gloria de Dios.** Ésta es una condición para mantenernos puros y para que la unción pueda fluir en nuestra vida. El hombre o mujer de corazón puro no busca cumplir su propia agenda, no hace las cosas para ser visto, ni tampoco a medias. Su intención y su motivo son engrandecer el Reino y levantar el nombre de Jesús.

• **La compasión:** es sentir el dolor y la necesidad de otro en las entrañas; sentir lo mismo que el otro siente. Cuanta más compasión tenemos por el perdido, por el enfermo, por el pecador, mayor es la unción en nuestra vida. La Unción es dada a aquellos hombres y mujeres que caminan en compasión. Cuanto más sintamos el dolor del pueblo, mayor unción se manifestará en nuestra vida. Hay personas que quieren la Unción de sanidad, pero no la reciben porque no tienen compasión por los enfermos. La mayor parte de los milagros de Jesús fueron posibles gracias a su compasión.

"Y saliendo Jesús, vio una gran multitud, y tuvo compasión de ellos, y sanó a los que de ellos estaban enfermos."
Mateo 14:14

• **El denuedo:** Esta palabra es la traducción del griego *"parrhesia"* que significa osadía, audacia, atrevimiento, franqueza para hablar. Denuedo es lo opuesto al temor. No es una cualidad del carácter humano, sino del divino. Es una virtud impartida por Dios.

El denuedo debe estar presente en todo creyente, líder, ministro, hombre y mujer que desee fluir en la Unción de Dios. Debe tener el atrevimiento para hablar, predicar con franqueza y sin miedo; necesita la osadía de echar fuera demonios, la audacia de dar grandes pasos de fe para hacer lo que otros ni siquiera intentan. A veces, Dios pedirá cosas ilógicas o tontas para la mente humana, pero el denuedo nos hará actuar.

Cuando estábamos en nuestra antigua iglesia, le dije a la congregación que íbamos a comprar el templo que hoy día tenemos y me dijeron que estaba loco, que era muy costoso para nosotros. Pero yo me mantuve firme y confiado en el Señor. Al cabo de un año, ya habíamos comprado el templo a un costo de tres millones de dólares. A pesar de que no teníamos dinero, el Señor proveyó para comprarlo.

En las cruzadas de milagros, a veces, Dios me pide que haga cosas que no tienen sentido, pero el denuedo en mi vida me lleva a hacerlo, y los enfermos se sanan. Creo firmemente que es preferible equivocarse pensando que uno está obedeciendo a Dios, que quedarse sin hacer nada. El denuedo es muy importante para moverse en la

Unción. Si no lo entiende, no razone, simplemente atrévase a ser osado en el espíritu. Hable con franqueza la palabra y déle salida a cualquier otro sentir que el Espíritu Santo ponga en usted.

• **La unidad:** Significa ser todos de una sola mente y compartir un mismo propósito. Hay ciertos principios que abren los Cielos para que la Unción se derrame, y son: **la unidad, la oración, el diezmo y la ofrenda.**

"Mirad cuán bueno y cuán delicioso es habitar los hermanos juntos en armonía! Es como el buen óleo sobre la cabeza, el cual desciende sobre la barba, la barba de Aarón, y baja hasta el borde de sus vestiduras". Salmos 133:1, 2

¿Cómo aplicamos esto a nuestra vida? Toda persona que ame la unidad del cuerpo de Cristo en la iglesia y en la familia, tendrá mayor Unción sobre su vida. Lo contrario del espíritu de unidad es el espíritu de división. Por eso es una de las cosas que Dios aborrece. Sin embargo, ama a todo el que busca y desea la unidad, porque ésta trae una multiplicación del poder y de la Unción.

• **La madurez:** Consiste en reconocer quiénes somos y estar seguros de nuestro llamado, sin sentirnos ofendidos o amenazados por el éxito o los talentos de otros. Madurez no es otra cosa que tener nuestra seguridad en Cristo, no en el ministerio, ni en la iglesia. Hay muchos líderes y ministros inmaduros, que se ofenden con facilidad y se sienten amenazados por los talentos y las habilidades de otros. Inclusive, se ofenden por la opinión y la personalidad de aquellos que son diferentes. Esto es inmadurez. Toda persona que desee fluir en la Unción debe actuar con madurez. La Unción es algo santo y Dios nos ha puesto como mayordomos de ella.

Una de las razones por la cuales podemos perder la Unción, es el abuso de la misma. Algunos no estamos bien delante de Dios y, por el hecho de que nos sigue usando, creemos que está agradado. Entonces, continuamos viviendo como queremos. Esos ministros deben tomar conciencia de que, tarde o temprano, el juicio de Dios vendrá. El creyente maduro no se ofende porque otra persona tenga mayor unción o éxito que él, sino que se goza porque su seguridad está en Cristo. Con todo esto en mente, podemos concluir que para que el Señor nos confíe una mayor unción, debemos desarrollar ciertas virtudes, las cuales deben ser parte de nuestro carácter, porque es éste, el que va a sostener todo el peso de nuestro ministerio. Si el carácter está desarrollado, todo lo demás podrá sostenerse. La madurez de un creyente no se mide en sus acciones, sino en sus reacciones en los momentos difíciles.

CAPÍTULO 3

El propósito de la unción

D esafortunadamente, hay muchas personas que usan la Unción para el beneficio de su propio ministerio, o para engrandecer a un hombre y no a Dios. A continuación, estudiaremos el propósito de la Unción.

¿Cuál es el propósito por el cual Dios nos da la Unción?

• **Consagrar personas y cosas al servicio de Dios.**

La Unción en una persona es lo que la aparta para su consagración al servicio de Dios. Necesitamos la Unción y la habilidad de Dios para hacer cualquier trabajo, por pequeño o insignificante que éste parezca.

"Y con ellos vestirás a Aarón tu hermano, y a sus hijos con él; y los ungirás y los consagrarás y santificarás, para que sean mis sacerdotes". Éxodo 28:41

"Y las vestiduras santas, que son de Aarón, serán de sus hijos después de él, para ser ungidos en ellas, y para ser en ellas consagrados". Éxodo 29:29

- **Capacitar al creyente para cumplir su ministerio.**

La Unción no solamente consagra y aparta, sino que también capacita para llevar a cabo el llamado de Dios. Si la Unción no está, las personas se cansan. Veamos lo que dijo Jesús en Hechos 1:8: *"Y recibiréis poder, cuando haya venido sobre vosotros el Espíritu Santo..."*. **Poder** significa habilidad y fuerza para llevar a cabo cualquier obra y trabajo dado por Dios.

- **Generar celo y pasión de Dios en el creyente.**

Dos de las cosas que hoy le hacen falta a la iglesia de Cristo son: la pasión y el celo por la obra del Señor. Existen personas que realizan su trabajo sin pasión, y lo que hacen, lo hacen en sus propias fuerzas. Como resultado de esto, se "queman" y se cansan espiritualmente. Debemos desarrollar un celo santo por la obra del Señor, tal como lo vemos reflejado en nuestro Señor.

"...y halló en el templo a los que vendían bueyes, ovejas y palomas, y a los cambistas allí sentados. Y haciendo un azote de cuerdas, echó fuera del templo a todos, y las ovejas y los bueyes; y desapareció las monedas de los cambistas, y volcó las mesas; y dijo a los que vendían palomas: quitad de aquí esto, y no hagáis de la casa de mi Padre casa de mercado. Entonces se acordaron sus discípulos que está escrito: El celo de tu casa me consume". Juan 2:14-17

- **Destruir las obras del diablo.**

La Unción pudre o destruye todo yugo y opresión del diablo. En cualquier lugar, donde la Unción está presente, siempre habrá manifestaciones de demonios, porque ellos son atormentados por la Unción.

"Acontecerá en aquel tiempo que su carga será quitada de su hombro, y su yugo de tu cerviz, y el yugo se pudrirá a causa de la Unción". Isaías 10:27

"Como Dios ungió con el Espíritu Santo y con poder a Jesús de Nazareth, y cómo éste anduvo haciendo bienes y sanando a todos los oprimidos por el diablo, porque Dios estaba con él". Hechos 10:38

"El que practica el pecado, es del diablo porque el diablo peca desde el principio. Para esto apareció el Hijo de Dios, para deshacer las obras del diablo". 1 Juan 3:8

- **Sanar a los quebrantados de corazón.**

Tengo la firme convicción de que la unción del Espíritu Santo es la medicina para aquellos que han sido heridos emocionalmente, cuyo corazón está fragmentado y necesita ser sanado. Desafortunadamente, la Iglesia ha recurrido al mundo en busca de métodos psicológicos para sanar a personas con heridas emocionales, cuando en realidad, la solución está en la unción del Espíritu de Dios.

"El Espíritu del Señor está sobre mí, por cuanto me ha ungido para dar buenas nuevas a los pobres; me ha enviado a sanar a los quebrantados de corazón; a pregonar libertad a los cautivos, y vista a los ciegos; a poner en libertad a los oprimidos; a predicar el año agradable del Señor".
Lucas 4:18

• **Libertar a los cautivos.**

La Unción nos fue dada para libertar a personas cautivas por el vicio y otras ataduras. Algunos de nosotros, arrastramos heridas emocionales, patrones de conducta, deseos compulsivos de sexo, de comida, de hablar malas palabras, y necesitamos que todo esto se rompa.

• **Glorificar a Jesús y no al hombre.**

Algunos ministros han prostituido la Unción buscando la gloria para sí mismos. Pero la Unción del Espíritu siempre debe exaltar las obras de Jesús. La manera de saber si un miembro del cuerpo de Cristo es de Dios es observar si exalta a Cristo en todo momento.

"Pero cuando venga el Espíritu de verdad, él os guiará a toda verdad; porque no hablará por su propia cuenta, sino que hablará todo lo que oyere, y os hará saber las cosas que habrán de venir. Él me glorificará; porque tomará de lo mío, y os lo hará saber". Juan 16:13, 14

- **Soltar a los oprimidos.**

La Unción de Dios es la mejor manera de poner en libertad a los oprimidos. Hay personas que viven en constante depresión, no pueden dormir, las tortura la ansiedad y el futuro las asusta. Ellas necesitan ser liberadas por medio de la Unción.

Hay yugos de esclavitud que atan a las personas, y hay una sola cosa que pudrirá y destruirá estos yugos: la Unción del Espíritu Santo manifestada a través de su iglesia. Esta unción puede destruir yugos de opresión, de temor, de lascivia, de complejos, vicios, enfermedades, drogas, alcoholismo y otros. Cuando la Unción se manifiesta de con poder en un lugar, no hay demonio que la resista. La palabra de Dios dice que el diablo tiene que huir. También, dice que el enemigo vino a matar, a robar y a destruir, pero Jesús apareció para deshacer sus obras. Cuando el diablo oprime la mente con pensamientos de temor, Jesús aparece y libera a la gente de toda su opresión; porque para eso vino el Hijo de Dios, "El Ungido". *¡Gloria al Señor!*

"El ladrón no viene sino para hurtar, matar y destruir; yo he venido para que tengan vida, y para que la tengan en abundancia". Juan 10:10

55

- **Capacitar al creyente con los dones y ministerios del Señor.**

Dios ha impartido una medida de gracia, o una porción de Su unción, a todo creyente, y según esa medida, debemos actuar y ministrar.

"Cada uno según el don que ha recibido, minístrelo a los otros, como buenos administradores de la multiforme gracia de Dios". 1 Pedro 4:10

¿Por qué muchos creyentes están derrotados?

La mayoría de estos cristianos no han entendido que Jesús venció al diablo en la cruz. Él nos ha llamado a vivir sin cargas, sin yugos y libres de opresión. Si todavía estamos atados a alguna cosa del diablo, aprendamos a ser libres por medio de la unción del Espíritu Santo.

Recuerde que los cristianos hemos sido liberados de la esclavitud del enemigo para que hagamos lo mismo con otros. Fuimos ungidos con el mismo Espíritu que ungió a Cristo. La palabra **cristiano** significa: "un pequeño Cristo", es decir, "un pequeño ungido", llamado a liberar cautivos, a sanar enfermos, a sanar quebrantados de corazón y a predicar la buenas nuevas de salvación. Cuando la unción del Espíritu Santo está sobre nosotros, podemos hacer mayores obras que las que Jesús hizo. Nada nos puede detener; somos una iglesia poderosa y las puertas del Infierno no prevalecerán contra nosotros.

Quiero recordarle que no importa su raza, país de origen o nivel intelectual; si la Unción está en usted, hará proezas en Dios. El Señor puede tomar una persona cohibida y tímida y hacerla atrevida, valiente y aguerrida, por medio de la Unción. Jesucristo tomó a un Pedro cobarde, enojón, inestable, inseguro, a un Pedro que lo llegó a negar en su hora más triste; pero un Pedro que, después de que el Espíritu Santo vino sobre él, fue un hombre nuevo, predicó la palabra de Dios con poder y tres mil personas fueron salvas en su primer sermón.

A veces, la Unción puede ser imitada y proyectar cualidades que no son genuinas. La verdadera unción Sólo puede hacerse manifiesta mediante la oración.

Esta Unción divina es el único rasgo de distinción que separa la prédica del verdadero Evangelio de todos los otros métodos. Además, refuerza y hace penetrar la verdad revelada con todo el poder de Dios.

La Unción ilumina la Palabra, ensancha y enriquece el entendimiento, capacitándolo para afianzarla.

La Unción prepara el corazón del predicador, lo lleva a esa condición de ternura, pureza, fuerza y luz, necesaria para este ungimiento celestial. Es lo que los púlpitos necesitan y deben tener.

La presencia de esta Unción sobre el predicador crea conmoción y actividad en muchas congregaciones. Las mismas verdades han sido dichas con la exactitud de la Letra, sin provocar ninguna agitación o cambio, sin que se sienta ninguna pena o pulsación. Todo está quieto, como en un cementerio, pero viene otro predicador con esta misteriosa influencia y la letra de la Palabra se enciende por el Espíritu, se perciben las angustias de un movimiento poderoso, es la Unción que penetra que despierta la conciencia y quebranta el corazón de aquel que está en pecado, de aquel que necesita fuerzas. ¡Algo ocurrió! Fue la Unción. ¡Gloria a Dios! La predicación sin Unción endurece, seca, irrita, mata, es aburrida, da sueño, la gente busca algo para hacer mientras dura, piensa en otras cosas; pero si la unción está presente, la atmósfera cambia y la gente está a la expectativa y recibiendo su porción.

Necesitamos hombres y mujeres ungidos

Nos estamos acercando a la venida de Cristo y Dios está levantando una generación de hombres y mujeres que se han negado a sí mismos, que se han entregado a Dios y no han comprometido sus principios. Valientemente y con denuedo, predican la palabra de Dios sin ningún temor y sin adornarla. Éstos son hombres y mujeres, sobre los cuales Dios derramará su poder, y el mundo entero será sacudido por la UNCIÓN DEL SANTO DE ISRAEL.

Dios demanda una entrega total

Hay muchas personas que sólo le han dado a Dios una parte de su vida; pero recuerde, con Dios es todo o nada. Así como Él entregó todo lo que tenía, pide todo de nosotros. Si queremos su Unción debemos vivir una vida de disciplina, entrega y sacrificio.

CAPÍTULO 4

Cómo activar la unción del Espíritu Santo

A ntes de entrar de lleno al estudio de cómo activar la Unción, hay ciertos puntos importantes que debemos conocer. No se trata de un poder mágico que funciona por medio de conjuros o sacrificios. Si usted anhela el poder de la unción divina, debe conocer de qué se trata, cómo obtenerla, cómo mantenerla y respetarla.

El poder de Dios siempre está presente

Hay personas que dicen: "Yo no sentí el poder de Dios en esa reunión". Quiero enseñarle que el poder de Dios siempre está presente, en todo lugar, en nivel mayor o menor, con todos sus atributos, pero no siempre es activado. Veamos un ejemplo bíblico:

"Aconteció un día, que él estaba enseñando y estaban sentados los fariseos y doctores de la ley, los cuales habían venido de todas las aldeas de Galilea, y de Judea y Jerusalén; y el poder del Señor estaba con él para sanar." Lucas 5:17

Esta narración de la Palabra, afirma que el poder de Dios estaba presente para sanar, pero Jesús estaba rodeado de religiosos incrédulos. Si leemos más adelante, vemos que solamente un paralítico fue sanado;

los demás no recibieron sanidad. ¿Por qué? Simplemente, porque no creyeron.

¿Por qué si el poder y la Unción están siempre presentes no se manifiestan todo el tiempo? ¿Por qué algunas personas no son salvas? ¿Por qué muchos no son libres? La respuesta es simple: no saben activar o recibir la Unción o el poder de Dios.

¿Cómo se activa la Unción del Espíritu Santo?

Si logramos aprender a activar la unción del Espíritu Santo y a fluir con ella, tendremos grandes resultados. La meta de todo ministro y pastor debe ser fluir con este poder. La Unción se activa… **por medio de la fe.**

Las siguientes escrituras nos ayudarán a entender que sin fe, la Unción no puede ser activada:

"Y terminada la travesía, vinieron de tierra de Genesaret. Cuando le conocieron los hombres de aquel lugar, enviaron noticia por toda aquella tierra alrededor, y trajeron a Él todos los enfermos; y le rogaban que les dejase tocar solamente el borde de su manto; y todos los que le tocaron, quedaron sanos".
Mateo 14:34-36

Aquí vemos algo muy interesante que dice: "cuando le conocieron". La traducción en inglés, narra: "y cuando tuvieron conocimiento de él". Sabemos que la fe es por el oír y el oír por la Palabra de Dios.

"Así que la fe es por el oír, y el oír, por la palabra de Dios".
Romanos 10:17

¿Qué sucedió? Cuando oyeron hablar de Jesús, la fe vino a sus corazones y activó el poder de Dios para que fueran sanados. Así mismo, si le creemos a Dios, activaremos la Unción de su poder y seremos salvos, sanos y libres. ¡Gloria a Dios!

Veamos otro ejemplo en la palabra de Dios:

*"Pero una mujer que desde hacía doce años padecía de flujo de sangre, y había sufrido mucho de muchos médicos, y gastado todo lo que tenía, y nada había aprovechado, antes le iba peor, cuando oyó hablar de Jesús, vino por detrás entre la multitud, y tocó su manto. Porque **decía**: Si tocare tan solamente su manto, seré salva, y enseguida la fuente de su sangre se secó; y sintió en el cuerpo que estaba sana de aquel azote. Luego, Jesús, conociendo en sí mismo el poder que había salido de él, volviéndose a la multitud, dijo: ¿quién ha tocado mis vestidos? (v. 34) Y Él le dijo: Hija, tu fe te ha hecho salva; ve en paz, y queda sana de tu azote".* Marcos 5:25-34

¿Qué hizo la mujer para recibir su sanidad?

- Oyó hablar de Jesús.
- Actuó en lo que había oído.
- Confesó ("decía").

Es interesante lo que implica la palabra "decía". En griego, da a entender que lo que lo repetía de continuo." ¿Qué decía de contínuo? Repetía la palabra de Dios: "si tan sólo tocare su manto seré sana". Ella alimentó su fe con la confesión y recibió el milagro.

¿Cómo se desata la fe?

La fe se desata por medio de la confesión; que es el puente entre el mundo espiritual y el físico. Así como la fe activa el poder o la Unción de Dios, la incredulidad la bloquea, no permite que éste fluya a través de las personas.

"Respondiendo Jesús, les dijo: Tened fe en Dios". Marcos 11:22

Fe es actuar en la palabra de Dios

La mujer que tenía el flujo de sangre no solamente oyó, sino que actuó en esa palabra. ¿Cómo? Cuando oyó hablar de Jesús, vino por detrás de Él, entre la multitud y tocó su manto. De inmediato, fue sanada.

La fe sin una acción correspondiente es muerta. Tener fe sin obras, de nada sirve. Para activar la Unción en nuestra vida, es necesario que vivamos una vida de fe. Esta mujer tuvo que caminar y acercarse a Jesús; no sólo bastó con confiar; tuvo que ir y tocar su manto.

Un milagro depende de dos factores: del nivel de Unción del que está ministrando y del nivel de fe del que está recibiendo.

Como podemos ver, estas dos condiciones, implican una responsabilidad, tanto para el que ministra la Unción, como para el que la recibe, porque estamos llamados a trabajar como un cuerpo. Es importante la perseverancia en la fe. Hay personas que reciben la ministración de la Unción varias veces y no reciben, hasta que llega un momento en que reciben su milagro. La exposición a la Palabra desarrolló su fe y eso, les permitió creer para recibir su milagro.

Testimonio: Yo oré por un hombre, en Ecuador, que llegó a nuestra cruzada de milagros. Ya había sido desahuciado por los médicos. Tenía cáncer en el estómago y llegó a la campaña en camilla. Prácticamente, era un vegetal. No podía caminar ni hacer nada por sí mismo. Lo pusieron al lado derecho de la plataforma y en el momento de orar por los enfermos, yo dije: "Todo paralítico, que esté en silla de ruedas, o en una cama, que se levante y ande". Para sorpresa de todas las personas en el estadio, el hombre se levantó de su cama, alzó sus manos y empezó a caminar. Fue sanado instantáneamente.

Un hombre desahuciado por los médicos, a quien habían mandado a morir a la casa, y Jesús lo sanó en un instante. El hombre oyó la Palabra, la creyó, actuó en fe y recibió su milagro. Salió del estadio cargando su propia cama, en vez de que ella lo cargara a él.

La Unción de Dios se impregna

A través de toda las Escrituras, vemos cómo la Unción se almacena o se impregna en la ropa, en pañuelos, en paños y aun en los huesos de un profeta de Dios.

"Y aconteció que al sepultar unos a un hombre, súbitamente vieron una banda armada, y arrojaron el cadáver en el sepulcro de Eliseo; y cuando llegó a tocar el muerto, los huesos de Eliseo revivió, y se levantó sobre sus pies". 2 Reyes 13:21

La unción de sanidad

Hay mucho que podemos aprender del pasaje de la mujer del flujo de sangre con respecto a la Unción de sanidad:

• Podemos recibir la Unción de sanidad de acuerdo a la voluntad de Dios; no nos podemos ungir nosotros mismos. Es Dios quien da la Unción de sanidad, la Unción para predicar, para enseñar y demás oficinas ministeriales.

• Este poder no es sólo una materia celestial, también es una **"sustancia tangible"**; lo cual significa que es perceptible o susceptible al toque físico, que puede ser tocado. Este poder es tangible porque Jesús supo cuándo éste fluyó de Él, y la mujer supo cuándo lo recibió. Hubo una transmisión de ese poder del uno al otro.

• El poder de sanidad es **transferible**. Puede fluir de una persona a otra, principalmente, por medio del toque físico, como sucede con la imposición de manos.

"Y toda la gente procuraba tocarle, porque poder salía de él, y sanaba a todos." Lucas 6:19

Otro modo de transmitir ese poder de una persona a otra, es a través de la ropa o de los pañuelos ungidos, que luego, se colocan sobre el enfermo o endemoniado. Ese poder es capaz de **impregnarse** o **almacenarse** en la ropa. Así como estaba en el manto de Jesús, también estaba en los pañuelos y delantales de Pablo.

"De tal manera que aun se llevaban a los enfermos los paños o delantales de su cuerpo, y las enfermedades se iban de ellos, y los espíritus malos salían." Hechos 19:12

Bien podríamos decir que como la electricidad fluye a través de los alambres, asimismo el poder de Dios fluye a través de nuestros cuerpos, **pero** lo que hace que esa Unción se active, es la fe. Por muy ungido que esté un ministro de Dios, si el vaso que está recibiendo no aplica fe, ese poder no podrá fluir. Cuando estaba ministrando y orando por los enfermos en Costa Rica, se me acercó una mujer, cuyo esposo había sido atropellado por un tren que le había destruido todo el estómago. Tal era su condición, que los médicos no lo podían operar. Sin embargo, ella trajo su ropa de dormir, oré por ella y se fue directo al hospital. Los médicos le habían dicho que no había esperanza, pero ella les pidió permiso para cambiarle la ropa. Para sorpresa de los médicos, al otro día, el hombre estaba sentado comiendo. Estaba sano y hasta se había levantado de la cama. Dios obró el milagro a través de la Unción almacenada en la ropa y activada por la fe de la esposa.

Otros factores que activan la Unción del Espíritu Santo:

* **La música.** La Unción siempre es mayor en un lugar donde se alaba y se adora a Dios en el espíritu, con mucha fuerza y con toda libertad. La adoración hace que la Unción descienda con mayor intensidad. Además, la Unción corporal es más poderosa.

> *La alabanza trae la presencia de Dios, pero la adoración trae los milagros de Dios.*

"Pero a medianoche, orando Pablo y Silas, cantaban himnos a Dios; y los presos los oían. Entonces sobrevino de repente un gran terremoto, de tal manera que los cimientos de la cárcel se sacudían...". Hechos 16:25, 26

Cada ministro de alabanza y adoración debe conocer y entender el fluir de la Unción, para poder cantar la canción correcta y operar en el cántico profético. Una alabanza cantada en el momento incorrecto puede arruinar un servicio completo, por lo tanto, es importante que los ministros de alabanza sean sensibles al Espíritu Santo.

* **La unidad.** Hay ministros que operan bajo una Unción personal muy fuerte, pero la Unción corporativa desciende con mayor fuerza sobre un ministro cuando todo el cuerpo (que es la iglesia) está unido en una misma mente y con un mismo propósito. Dios ama la unidad, y cuando ésta se logra, Él envía mayor Unción. El poder de Dios aumenta cuando hay un sólo objetivo común: que la gloria de Dios descienda.

"¡Mirad cuán bueno y cuán delicioso es habitar los hermanos juntos en armonía! Es como el óleo sobre la cabeza, el cual desciende sobre la barba, la barba de Aarón, y baja hasta el borde de sus vestiduras; como el rocío de Hermón, que desciende sobre los montes de Sion; porque allí envía Jehová bendición, y vida eterna". Salmos 133

Cuando nos congregamos, debemos procurar la unidad. Unidad significa estar en una misma mente y en un mismo propósito, alabando y adorando a Dios.

Entonces, podemos concluir que el poder de Dios siempre está presente, pero no siempre es activado o recibido. La fe de la persona, que está recibiendo, activa el poder de Dios. Para nosotros poder activar la unción, es también necesario tener un ambiente saturado de alabanza y adoración, con músicos consagrados y dedicados a Dios, tanto en la parte técnica como en la parte espiritual. Creo, personalmente, que un músico puede ser espiritual sin dejar de ser técnico y musicalmente preparado. Cuando nos reunimos y alabamos al Señor, cada uno de nosotros debe venir con una misma mente y un mismo propósito, pues es sólo mediante la unidad que la Unción corporativa desciende para tocar a todo el cuerpo de Cristo que es la iglesia. También, podemos concluir que la Unción se almacena en la ropa, y que es bíblico orar por pañuelos, no porque la ropa en sí tenga poder sino porque actúa como punto de contacto. Es importante aclarar que no debemos estos los pañuelos o ropas como amuletos. Simplemente, se trata de ungirlos para que la unción de Dios, que es la que sana, liberta y lleva a cabo el milagro, se transfiera a la prenda para transportarla hasta el enfermo.

Yo he tenido un sinnúmero de casos en los cuales las personas me han traído pañuelos para orar por ellos y ungirlos. Una vez hecho esto, se los han llevado a las personas y éstas han sido sanadas. Ungir prendas de ropa es bíblico; lo hizo Jesús y también, lo hizo Pablo. Por lo tanto nosotros lo podemos seguir haciendo y activando el poder de Dios para sanar a su pueblo. La unción divina es transferible, sólo necesitamos activar nuestra fe y Dios hará el milagro que ningún médico ha podido lograr.

CAPÍTULO 5

La unción en los cinco ministerios

Hay una unción que fue dada a cada creyente para desarrollar su don. Hay otra unción, diferente, que fue dada a cada uno de los cinco ministerios para cumplir el llamado de Dios. Es una unción mayor que la otorgada al resto de dones y ministerios.

"Y a unos puso Dios en la iglesia, primeramente apóstoles, luego profetas, lo tercero maestros, luego los que hacen milagros, después los que sanan, los que ayudan, los que administran, los que tienen el don de lenguas". 1 Corintios 12:28

Cristo dio a la Iglesia cinco ministerios, que hoy, llamaremos oficinas de gobierno eclesiásticas, y que son:

- Apóstoles
- Profetas
- Pastores
- Evangelistas
- Maestros

Dios, también, ha dado otros ministerios a la Iglesia, veamos:

"De manera que teniendo diferentes dones, según la gracia que nos es dada, si el de profecía, úsese conforme a la medida de fe; o

si de servicio, en servir; o el que enseña, en la enseñanza; el que exhorta, en la exhortación; el que reparte, con liberalidad; el que preside, con solicitud; el que hace misericordia, con alegría".
Romanos 12:6-8

Cada uno de ellos tiene un cierto nivel de Unción. Sin embargo, cuando hablamos de los cinco ministerios principales mencionados anteriormente, la Unción es mayor y está en un nivel superior. Usted puede moverse en más de un ministerio, pero necesita encontrar exactamente cuál es su llamado para poder funcionar con la unción correcta.

Cada cristiano está ungido en un área específica. Si se sale de ella no será de bendición al Cuerpo ni tendrá el respaldo de la Unción.

La Unción del Apóstol

¿Qué es un apóstol? La palabra griega *"apóstolos"* significa uno que es enviado, un mensajero especial, un delegado o comisionado con una tarea específica. Podemos encontrar muchos ministros que se llaman a sí mismos "apóstoles", pero en realidad no lo son. A continuación, estudiaremos algunas de las características bíblicas de un verdadero apóstol.

Algunas características de un apóstol:
• **Los apóstoles son primeros en rango.**

*"Y a unos puso Dios en la iglesia, **primeramente** apóstoles, luego profetas, lo tercero maestros, luego los que hacen milagros, después los que sanan, los que ayudan, los que administran, los que tienen don de lenguas".*
1 Corintios 12:28

Como resultado de ser primeros en rango, la Unción y la autoridad sobre ellos son mayores que sobre el resto de los ministerios: profeta, pastor, evangelista y maestro. Así como hay rangos entre los demonios y los ángeles, así también hay rangos en los ministerios. La autoridad y la unción son dadas de acuerdo al rango. Aunque a todo creyente ha recibido unción y autoridad, los cinco ministerios tienen una unción superior y, entre ellos, el de mayor unción es el apóstol.

* **Los apóstoles son pioneros.**

Pionero es el primero en establecerse o plantarse en un territorio. Es uno que abre el camino y lo prepara para que otros lo sigan; abre nuevos caminos, nuevos territorios, y Dios le ha dado la unción para hacer este trabajo. Los apóstoles ejercen la unción para predicar nuevas verdades, establecer nuevas iglesias, traer nuevos creyentes al Reino e invadir nuevos territorios.

* **Los apóstoles plantan iglesias.**

Una señal inequívoca de un apóstol es la habilidad dada por el Señor para establecer nuevas iglesias. Desafortunadamente, hay muchas personas que se llaman apóstoles y nunca han establecido iglesias.

"Yo planté, Apolos regó; pero el crecimiento lo ha dado Dios". 1 Corintios 3:6

- **Los apóstoles tienen la Unción de rompimiento.**

Rompimiento se define como el acto de romper o el instante en que se pasa a través de una obstrucción. Es la habilidad de penetrar las líneas de defensa del enemigo.

"Acontecerá en aquel tiempo que su carga será quitada de tu hombro, y su yugo de tu cerviz, y el yugo se pudrirá a causa de la unción." Isaías 10:27

Las prédicas y enseñanzas de un apóstol hacen un rompimiento en las siguientes áreas: liberación, finanzas, religión, tradiciones, orgullo, mentalidad, entre otras. Esto es posible gracias a la unción apostólica.

- **Los apóstoles imparten dones.**
Una vez que un apóstol imparte los dones y la gracia de Dios a su vida, le podrá enviar a hacer la obra de Dios.

"Porque deseo veros, para comunicaros algún don espiritual, a fin de que seáis confirmados". Romanos 1:11

• **Los apóstoles señalan y adiestran a los líderes iniciales en una iglesia.**

"Y después de anunciar el evangelio a aquella ciudad y de hacer muchos discípulos, volvieron a Listra, a Iconio y a Antioquia, cofirmando los ánimos de los discípulos, exhortándoles a que permaneciesen en la fe, y diciéndoles: Es necesario que, a través de muchas tribulaciones, entremos en el reino de Dios. Y constituyeron ancianos en cada iglesia, y habiendo orado con ayunos, los encomendaron al Señor en quien habían creído." Hechos 14:21-23

• **Los apóstoles, generalmente, se mueven en las señales, milagros y prodigios.**

"Y estuve entre vosotros con debilidad, y mucho temor y temblor; y ni mi palabra ni mi predicación fue con palabras persuasivas de humana sabiduría, sino con demostración del Espíritu y de poder, para que vuestra fe no esté fundada en la sabiduría de los hombres, sino en el poder de Dios."
1 Corintios 2:3-5

• **Los apóstoles sufren mucha persecución.**
Esto sucede como resultado de predicar verdades bíblicas y de ser pioneros en diferentes áreas. Es importante destacar que una de las enseñanzas fuertes de un apóstol, es la liberación, y esto tiene que ver directamente con Satanás y sus planes

para destruir las vidas. Por eso, el apóstol tiene tanta persecución.

La Unción del Profeta

¿Quién es un profeta?

Profeta es uno que habla en el nombre de Dios, ya sea en presente, pasado o futuro. En el Antiguo Testamento, la Biblia le llama vidente. Es uno que tiene visiones y revelaciones divinas. Es un vocero de Dios, que habla cuando es impulsado por una inspiración repentina, iluminado por una revelación momentánea, dadas por el Espíritu de Dios.

¿Cuáles son las características de un profeta?

* **El profeta se mueve fuertemente en los dones de revelación.**

¿Cuáles son los dones de revelación?

❏ Palabra de ciencia
❏ Palabra de sabiduría
❏ Discernimiento de espíritus

El profeta puede ver, muy a menudo, en el mundo espiritual, a través del discernimiento. La citada unción es dada con ese propósito. El profeta tiene la habilidad de ver el peligro y aquellas cosas que otros no ven. Tiene visiones sobrenaturales.

- **Los profetas, a veces, operan con otro ministerio.**

Ellos pueden ser también, pastores, evangelistas y maestros. El ministerio profético, usualmente, se desarrolla en forma paralela a otro ministerio o en distintas y múltiples combinaciones como: profeta-evangelista, profeta-pastor, profeta-maestro, o incluso, profeta-maestro-pastor-evangelista. En el caso del Doctor *Bill Hamon*, él es apóstol-profeta.

Hay una diferencia entre ser profeta y profetizar. Es decir, hay una diferencia entre la oficina del profeta y la profecía. Cualquier creyente puede profetizar, pero eso no lo hace un profeta. Sin embargo, todos los profetas profetizan. La profecía del Nuevo Testamento es para edificar, consolar y exhortar.

- **Los profetas traen la revelación profética.**

"Porque no hará nada Jehová el Señor, sin que revele su secreto a sus siervos los profetas". Amós 3:7

La revelación puede venir en forma de sueños y visiones, según la palabra de Dios. Los profetas son videntes, ellos conocen los planes y propósitos de Dios, con anticipación.

- **Los profetas tienen gran autoridad.**

"Mira que te he puesto en este día sobre naciones y sobre reinos, para arrancar y para destruir, para arruinar y para derribar, para edificar y para plantar". Jeremías 1:10

La autoridad profética los hace capaces de derribar, arrancar raíces y destruir toda obra diabólica. Así mismo, tienen autoridad para plantar y para edificar el reino de Dios.

• **Los profetas activan los dones en las personas.**

"Y profeticé como me había mandado, y entró espíritu en ellos y vivieron, y estuvieron sobre sus pies, un ejército grande en extremo." Ezequiel 37:10

La unción de los profetas trae consigo la capacidad de activar. A través de sus mensajes, imparten y activan los dones y ministerios en los creyentes. Cuando los creyentes están desubicados y fríos, ellos tienen la unción para ubicarlos y avivarlos.

• **Los profetas confirman las cosas de Dios.**

"Y Judas y Silas, como ellos también eran profetas, consolaron y confirmaron a los hermanos con abundancia de palabras." Hechos 15:32

Dios ha puesto el ministerio del profeta para dar confirmación, y esto es para fortalecer, dar nueva seguridad y remover dudas. Cuando ellos confirman un llamado, una visión, una palabra o una decisión, el pueblo se afirma, se hace constante y crece en el Señor.

- **Los profetas son una ayuda en la casa del Señor.**

"Profetizaron Hageo y Zacarías hijo de Ido, ambos profetas, a los judíos que estaban en Judá y en Jerusalén en el nombre del Dios de Israel quien estaba sobre ellos. Entonces se levantaron Zorobabel hijo de Salatiel y Jesúa hijo de Josadac, y comenzaron a reedificar la casa de Dios que estaba en Jerusalén; y con ellos los profetas de Dios que les ayudaban." Esdras 5:1, 2

Cuando Dios está haciendo algo en un lugar, viene la oposición satánica, y por eso, Dios manda a los profetas, con el fin de que sean de ayuda al pastor local para evitar los ataques del enemigo. El profeta es un radar espiritual que detecta cualquier maquinación del diablo.

La Unción del Pastor

¿Quién es un pastor?
Pastor es uno que alimenta, guía, vigila y cuida el rebaño. Dios le da la unción para hacer este tipo de trabajo.

¿Cuáles son las funciones de un pastor?

- **Alimentar:** La congregación necesita ser alimentada con buenas porciones de la palabra de Dios.

A todo pastor le ha sido dada la habilidad de enseñar para poder llevar el alimento espiritual a las ovejas.

* **Guiar:** El pastor dirige y guía al pueblo a cumplir la voluntad del Señor para esa congregación, y lo hace a través del ejemplo y la inspiración. Una de las cosas que todo pastor debe conocer es la visión de Dios para ese pueblo. Así, podrá guiarlo correctamente.

* **Vigilar:** El pastor tiene la responsabilidad de guardar a las ovejas de falsas doctrinas, también, de corregir a los creyentes rebeldes y restaurar a los caídos.

* **Cuidar:** El pastor cuida a sus ovejas en el área espiritual, emocional y física; está siempre como un padre para sus hijos. No se puede operar como pastor si no se tiene la unción para ello porque, de otra manera, la iglesia no crece. La persona que no esté ungida para ser pastor, no tendrá las fuerzas para cumplir con el ministerio.

¿Cuáles son las características de un pastor?

* **El pastor tiene el corazón de un Padre.**

El pastor ama estar con el pueblo, busca a la oveja perdida, ora por la congregación y se preocupa por sus necesidades.

- **El pastor es marido de una sola mujer.**

La vida matrimonial del pastor debe ser un ejemplo para la congregación, teniendo a su mujer e hijos en sujeción (1 Timoteo 3:1-7).

- **El pastor es paciente con las ovejas.**

Él ama a sus ovejas tal como son y tiene paciencia con ellas hasta que cambian.

La Unción del Evangelista

¿Quién es un evangelista?

Evangelista es aquel que proclama buenas nuevas.

"Entonces Felipe, descendiendo a la ciudad de Samaria, les predicaba a Cristo. Y la gente unánime, escuchaba atentamente las cosas que decía Felipe, oyendo y viendo las señales que hacía. Porque de muchos que tenían espíritus inmundos, salían éstos dando grandes voces; y muchos paralíticos y cojos eran sanados". Hechos 8:5-7

Nótese que las noticias de un evangelista son buenas; no son noticias de condenación ni de juicio. El evangelista lleva el mensaje de reconciliación entre Dios y los hombres.

¿Cuáles son las características de un evangelista?

- **El evangelista manifiesta la unción de señales y prodigios.**

Dios le da al evangelista una unción especial para hacer milagros y sanidades. El evangelista dirige su mensaje al inconverso y ellos, a veces, necesitan ver la demostración del poder de Dios en acción.

- **La unción del evangelista es para el inconverso.**

Dios lo ha capacitado para que dé un mensaje ungido y, así logre tocar a los incrédulos.

- **El mensaje del evangelista es Jesús crucificado.**

Dios lo capacita para proclamar el arrepentimiento y la reconciliación del hombre con Dios, por medio del sacrificio de Jesús en la cruz del Calvario.

- **El evangelista tiene pasión por las almas.**

Dios lo ha ungido con una gran pasión para ir a predicar al que no conoce a Jesús. Tiene amor por el perdido y las almas son su carga.

- **El evangelista viaja continuamente.**

El ministerio principal de un evangelista es afuera de la iglesia; él va, tira la red y trae a los peces a la iglesia local.

- **El evangelista debe tener una cobertura pastoral.**

Dios no nos ha llamado a trabajar solos, sino como un cuerpo; y nadie es independiente de nadie; todos nos necesitamos una autoridad, alguien a quien dar cuentas de lo que hacemos.

La Unción del maestro

¿Quién es un maestro?

Un maestro es alguien que enseña, instruye e imparte verdades bíblicas al pueblo. Un maestro de la palabra de Dios ha sido capacitado con una unción de enseñanza para poder edificar el Cuerpo y llevarlo a la madurez.

Nótese que el maestro es uno que enseña la unción e instruye verdades bíblicas al pueblo, punto por punto y metódicamente; mientras que el evangelista proclama las buenas nuevas, exhorta, anima, habla con fuerza y atrevimiento para que el inconverso oiga.

¿Cuáles son las características de un maestro?

* El maestro tiene gran pasión por escudriñar la Palabra. Ama escudriñar, buscar, indagar acerca de las verdades contenidas en la Biblia. Además, quiere conocer la raíz de las mismas, para lo cual recurre a la revelación del Espíritu Santo, a diferentes diccionarios y comentarios bíblicos; ora y busca a Dios antes de enseñar.

* El maestro tiene pasión por el crecimiento espiritual del pueblo, mientras que el evangelista tiene amor por el perdido. El maestro tiene pasión por ver al pueblo de Dios crecer en la Palabra, por sacarlo de la ignorancia y llevarlo a vivir en la plenitud del Reino.

* El maestro viaja continuamente, al igual que el evangelista. Es otro ministerio donde continuamente se está ministrando al cuerpo de Cristo.

* La unción del maestro es para edificar al pueblo. Dios lo ha capacitado para instruir a la iglesia, enseñarle principios bíblicos y cómo aplicarlos a su vida diaria.

Operar en el ministerio incorrecto

En el Antiguo Testamento, si usted ejercía en otro ministerio que no fuera el suyo, moría instantáneamente. Por ejemplo, dos personas entraron al lugar santísimo y cayeron muertas. Cuando una persona opera en un ministerio para el cual no ha sido ungido, está fuera de la voluntad de Dios y, por consiguiente, su ministerio no prospera, no crece. La vida y la presencia de Dios no están presentes y la persona muere a temprana edad. Por eso, es importante que cada miembro del cuerpo de Cristo conozca en qué área ha sido ungido, especialmente, si es apóstol, profeta, maestro, evangelista o pastor. Debemos orar al Señor para tomar el ministerio correcto, de modo que la Unción nos respalde, el ministerio crezca, la gente sea tocada, las vidas sean transformadas y el nombre de Jesús sea exaltado.

Ilustración: Un hombre de Dios muy conocido en los Estados Unidos, tuvo una visita celestial. Jesús se le apareció en visión, en su cuarto, y le estuvo hablando por casi tres horas. Dentro de todo lo que le dijo, se refirió a que había muchos ministros que morían a temprana edad, entre los cuarenta y cincuenta años de edad, porque estaban en el ministerio incorrecto.

Usted debe estar seguro de que está operando en el ministerio y en el llamado correctos, para que la Unción lo respalde y su vida sea próspera en años y en frutos. Recuerde que la unción de Dios está en el propósito con el que Él generó nuestra vida.

CAPÍTULO 6

El precio de la unción

Cualquier persona que aspire a fluir en una Unción mayor, no debe ser motivada por la gloria, prominencia y beneficios de la Unción. A veces, las personas ven lo que sucede en el altar (la unción, los milagros, el poder y otras cosas), pero ignoran el alto precio que debe pagarse para ser usado por Dios, y lo que sucede detrás de escena.

En una oportunidad, yo estaba estudiando acerca de la Unción y, cuando iba a escribir acerca de cómo desarrollarla, Dios me preguntó: "¿estás dispuesto a pagar el precio?". Le contesté: "¿qué precio?" Él me respondió: "El precio de la soledad, de la presión de la gente y de las circunstancias, el precio de la fatiga mental y física, el precio de privarte de cosas buenas, el precio de estar buscando mi rostro y estudiando la palabra mientras otros duermen o se divierten".

Al hombre o mujer verdaderamente ungido, se le demanda siempre un alto precio. Cuanto más efectivo es el líder, más alto es el precio que debe pagar. Si usted desea aceptar el desafío de ser un líder ungido e impactar su generación, prepárese para enfrentar el costo y la responsabilidad de serlo.

Hay muchos retos y desafíos, pruebas y dificultades que el líder ungido debe soportar. Por esta razón, en este capítulo, estudiaremos los más comunes. Jesús explica esto, con detalle, en el libro de Mateo:

"Pero Jesús los llamó y les dijo: como ustedes saben, entre los paganos, los jefes gobiernan con tiranía a sus súbditos, y los grandes hacen sentir su autoridad sobre ellos. Pero entre ustedes no debe ser así. Al contrario, el que entre ustedes quiera ser grande, deberá servir a los demás; y el que entre ustedes quiera ser el primero, deberá ser su esclavo. Porque, del mismo modo, el hijo del hombre no vino para que le sirvan, sino para servir y para dar su vida como precio por la libertad de muchos".
Mateo 20:25-28

La palabra **grande** es la traducción del griego original que significa: aquel que quiere estar al frente, uno que quiere ser líder con unción, que le quiere decir a otros cómo mandar. Y Jesús dice: "ése será vuestro servidor". **Servidor** es la traducción de la palabra griega *"diákono"*, que significa un siervo que está dispuesto a llevar o a suplir las necesidades de otros. Entonces, cuando Jesús dice: *"cualquiera que quiera ser primero"*, estaba diciendo: "cualquiera que desee ser líder con autoridad, será vuestro siervo". La palabra **siervo** es la traducción del vocablo griego *"dóulos"*, que significa: esclavo permanente de otro.

¿Cuál es el punto que Jesús les está enseñando a sus discípulos? Él dice que todo aquel que quiera tener una posición de liderazgo o una unción especial, debe ser el siervo de todos, suplir sus necesidades y servir al pueblo permanentemente, ya que la unción no es para suplir nuestros propios deseos, sino los de Dios y las necesidades del pueblo. Dios no les puede dar una unción especial a personas que no tienen corazón de sirvientes y que no se interesan por el pueblo.

¿Cuál es el precio que debe pagar un líder para ser ungido y usado por Dios?

• **Sacrificio y abnegación**

Ser un hombre ungido demanda el compromiso de servir a otros y de poner sus necesidades por encima de las propias. Todo líder ungido que se preocupa por la exaltación de sus propios deseos, objetivos y metas, no es un verdadero líder. Los verdaderos líderes ungidos están dispuestos a sacrificar sus objetivos personales por ayudar y servir a otros.

"De ahora en adelante no quiero que nadie me cause más dificultades; pues las cicatrices que tengo en mi cuerpo muestran que soy un siervo de Jesús". Gálatas 6:17

"El que trate de salvar su vida, la perderá, pero el que pierda su vida por causa mía, la salvará". Mateo 10:39

Si usted nació para ser un líder con propósito, no puede escaparse de pagar el precio del sacrificio personal. Los verdaderos líderes ungidos no sólo han encontrado el propósito y el objetivo por los cuales vivir, sino la visión por la cual morir. Usted nunca cambiará la vida de su generación mientras no esté dispuesto a morir por ese cambio. La grandeza de la vida está en la disposición de morir por algo. El apóstol Pablo nos habla del sacrificio personal que él tuvo que realizar.

"Antes bien, nos recomendamos en todo como ministros de Dios, en mucha paciencia, en tribulaciones, en necesidades, en angustias, en azotes, en cárceles, en tumultos, en trabajos, en desvelos, en ayunos, en pureza, en ciencia, en longanimidad, en bondad, en el Espíritu Santo, en amor sincero". 2 Corintios 6:4-6

• **El rechazo de las personas**

Uno de los costos o precios que debemos pagar para ser líderes ungidos, es pasar la experiencia de ser rechazados. Si usted está dispuesto a aceptar el llamado, debe estar dispuesto a ser rechazado y mal entendido por todos. Toda persona en esta vida desea ser aceptada y sentirse parte de algo importante; pero para ser un líder ungido, debe pagar el precio del rechazo. A veces, las personas lo rechazan porque vive en santidad e integridad, y eso pone de manifiesto su pecado. Entonces, muestran oposición y resistencia. Jesús también experimentó el rechazo. Los líderes verdaderamente ungidos traen cambios, y los cambios, por naturaleza, generan conflicto y resistencia. Jesús sufrió el rechazo de su propio pueblo.

"A lo suyo vino, pero los suyos no lo recibieron. Mas a todos los que lo recibieron, a quienes creen en su nombre, les dio potestad de ser hechos hijos de Dios". Juan 1:11, 12

¿Por qué los líderes son rechazados?

Una de las principales razones por las que un líder es rechazado es que desafía a otros a cambiar su manera de vivir. Cuando un líder de Dios le dice a una sociedad que Dios es Santo, y que tienen que vivir en santidad, que el aborto es pecado y la homosexualidad es una abominación, ese líder es rechazado. Al pueblo de Dios tampoco le gusta que alguien le diga que debe salir de la mediocridad para vivir una vida victoriosa, en santidad. No quiere escuchar cuando le dicen que tiene que cambiar.

Los líderes son los "tábanos de Dios". El tábano es un insecto que pica a sus víctimas cuando están dormidas. Cuando los españoles invadieron las tierras de América, los indios se resistieron. Para vigilar al enemigo de noche, el jefe indio dejaba a uno de sus hijos de guardia. Para evitar que el muchacho de guardia se durmiera, ponían un tábano dentro del lugar de vigilancia.

Los líderes ungidos somos los tábanos de esta sociedad. Los tábanos de los creyentes que no tienen visión ni propósito, que son carnales y tibios espiritualmente, que viven un cristianismo sin convicción (cristianos casuales y por conveniencia). Los tábanos de Dios llevan al pueblo al cambio, para que pase de la mediocridad a la excelencia.

El rechazo no significa que usted está equivocado, sino que está desafiando la comodidad de otros. Recuerde lo que dice la Palabra: "Bienaventurados los que padecen persecución por causa de la justicia."

Ningún hombre será totalmente aceptado sino hasta que haya sido totalmente rechazado.

"Bienaventurados los que padecen persecución por causa de la justicia, porque de ellos es el reino de los cielos".
Mateo 5:10

El rechazo es parte del plan de Dios para llevarnos al éxito. Ningún líder ungido que haya impactado su nación ha escapado del rechazo y de ser mal entendido.

- **La crítica de la gente**

Todos los líderes deben identificarse con esta realidad: la crítica de la gente. Es el modo de vida de un líder. En otras palabras, la crítica se hace parte de nuestro diario vivir y tenemos que soportarla siempre. Ningún líder está exento de ella. La mayor prueba que un líder puede dar de su madurez, su convicción y su compromiso con la visión, está en la actitud que toma frente a la crítica. La humildad nunca se pondrá a prueba con más intensidad que en este momento.

Si usted está listo para recibir críticas,
está listo para ser un líder.

Ser un líder efectivo implica tomar una posición acerca de un tema decisivo que determinará una dirección y que afectará a muchas personas. Sin embargo, debemos entender que los verdaderos líderes no son afectados por la crítica y que, en muchas situaciones, se ve como una buena oportunidad para probar su convicción y su compromiso. Si usted no quiere ser criticado, entonces no haga nada en la vida.

Es mejor ser criticado por actuar
que ser ignorado por no hacerlo.

"Dichosos ustedes, cuando la gente los insulte y los maltrate, y cuando por causa mía los ataquen con toda clase de mentiras. Alégrense, estén contentos porque van a recibir un gran premio en los cielos, pues así también persiguieron a los profetas que vivieron antes que ustedes." Mateo 5:11, 12

• La soledad

En muchas ocasiones, un líder es visto muy solo porque *dirigir* significa que debe ir al frente, en todo tiempo, delante de sus seguidores. Cuanto más se acerque un líder a Dios, más solo se sentirá, porque cuando nos acercamos a Dios, Él nos cambia, nos santifica, nos transforma y salimos de su presencia cambiados. Cuando aplicamos estas ideas a nuestra vida, las personas nos ven raros y no nos entienden. A veces, piensan que estamos locos. ¿Por qué pasa esto? Ellos no están en el mismo nivel de oración, de santidad ni de revelación, por lo tanto, no nos entenderán y nos harán sentir solos en la conquista.

Las personas más solas son aquellas a quienes les ha sido confiado un mensaje, un sueño o una visión. Los grandes líderes, mujeres y hombres, que han impactado a su generación han sido almas solitarias. El hombre que depende de la gente para sentirse lleno y acompañado encontrará muy duro cumplir su visión, ya que éste es un camino de soledad. Éste es el gran precio de la unción. Yo amo a la gente y me gusta mucho compartir con ella, pero no son la fuente de mi llenura; Jesús es mi fuente. Es más, Él mismo es un claro ejemplo de lo que estoy explicando. Todos sus discípulos lo abandonaron en el momento más crítico de su ministerio; sin embargo, Él cumplió su propósito. Si usted no está dispuesto a pararse solo en la visión, nadie estará dispuesto a hacerlo con usted.

• **La presión de tomar decisiones correctas**

Los líderes deben enfrentar el desafío inevitable de las demandas y responsabilidades que vienen con el liderazgo. Esto implica tomar decisiones críticas y, muy a menudo, bajo presiones internas y externas. El líder ungido debe evaluar todas las cosas (la información y las opiniones) y tomar la mejor decisión posible. Este proceso puede significar una carga para su capacidad emocional, física y mental. A veces, es una fuente de estrés temporal si no se maneja correctamente. En general, muy pocos seguidores aprecian lo que implica para un líder tomar las decisiones; no entienden que las críticas y las presiones de la gente recaen sobre él. Y de aquí se desprende una pregunta vital: ¿Estamos agradando a Dios o a los hombres?

"Yo no busco la aprobación de los hombres, sino la aprobación de Dios. Si yo quisiera quedar bien con los hombres, ya no sería un siervo de Cristo". Gálatas 1:10

• **La fatiga**

La demanda de ser líder es muy fuerte, especialmente si nos referimos a la fatiga física y mental que la tarea provoca. No hay manera de ser un buen líder sin ser afectado por el estrés, la fatiga física y emocional. A veces, al regresar agotado de una cruzada de sanidad y milagros, Dios me pide que ore. Después de haberlo dado todo, no me queda ni una fuerza física; pero es necesario orar porque Dios lo pide, y si Dios lo pide, ¡hay que hacerlo! Él sabe por qué lo pide. Si estás dispuesto a trabajar duro, por más horas, con más intensidad y más allá de tus obligaciones, serás un líder efectivo y la unción te respaldará. Por esta razón, el líder debe incorporar a su vida un plan de dieta saludable para resguardar su cuerpo.

Cuando una persona está agotada física y mentalmente, es más vulnerable a las tentaciones que envía el enemigo. Éste siempre espera que estemos en el momento más débil para atacarnos.

Algunas recomendaciones que se deben tener en cuenta, cuando se sienta fatigado:

❑ No tome decisiones importantes. Su mente no está lúcida ni clara para razonar correctamente.

❑ No permanezca solo en ningún lugar. El enemigo puede tenderle una trampa.

❑ Busque la presencia de Dios para recibir fuerza y fortaleza.

- **El precio que paga la familia**

  Ningún hombre ungido puede esperar vivir una vida normal como las demás personas. Todo su tiempo, sus talentos y sus experiencias están al servicio de otros. Esto significa que también, tendrá un impacto directo en la familia, en la esposa, en los hijos y en los amigos cercanos del líder. El hombre y la mujer de Dios tienen que hacer un balance cuidadoso entre servir a las personas y cumplir con las responsabilidades y obligaciones familiares.

CAPÍTULO 7

La unción y cómo ministrarla

Ya hemos estudiado lo que es la Unción, lo que *no* es, el propósito de la misma y cómo activarla; cómo está relacionada con los cinco ministerios y el precio que debe pagar un hombre ungido. Veamos cómo podemos ministrar esta sustancia celestial que se almacena en nuestro cuerpo y en nuestras ropas, este poder maravilloso que reposa sobre nosotros.

• **Mediante la imposición de manos**

Una de las formas que Jesús usaba para ministrar la unción era la imposición de manos. Todo nuestro ser (espíritu, alma y cuerpo) está saturado de la unción de Dios, y a través de la ley del contacto, transferimos a las personas lo que tenemos. Es decir, la unción es transferible.

"Al ponerse el sol, todos los que tenían enfermos de diferentes enfermedades los llevaron a Jesús; y él puso las manos sobre cada uno de ellos, y los sanó."

También, en el libro de Hechos 3:1-6, dice:

"Un día, Pedro y Juan fueron al templo a las tres de la tarde, que era la hora de la oración. Allí, en el templo estaba un hombre cojo de nacimiento, al cual llevaban todos los días y

lo ponían junto a la puerta llamada la Hermosa, para que pidiera limosna a los que entraban. Cuando el cojo vio a Pedro y a Juan que estaban a punto de entrar en el templo, les pidió una limosna. Ellos lo vieron y Pedro le dijo: Míranos. El hombre puso atención, creyendo que le iban a dar algo. Pero Pedro le dijo: No tengo plata ni oro, pero lo que tengo te doy: en el nombre de Jesucristo de Nazaret, levántate y anda."

¿Por qué la imposición de manos?

Jesús nos dio la orden de ir por todo el mundo, llevando el mensaje de salvación e impartiendo su sanidad sobre la gente. Nuestras manos son instrumentos para transmitir la unción de Dios a otros.

A veces, cuando la unción de Dios cae sobre mí, siento electricidad y calor en mis manos. Por medio de nuestras manos, les impartimos a las personas sanidad, liberación, llenura del Espíritu Santo, restauración, entre otras cosas.

• **Por la Palabra hablada.** Jesús, en varias ocasiones, impuso sus manos sobre la gente para ministrar la unción, y en otras, sólo hablaba la Palabra.

"El capitán contestó: Señor, yo no merezco que entres en mi casa, solamente da la orden, y mi criado quedará sano."
Mateo 8:8

Es importante que cada creyente mantenga una comunión continua con el Espíritu Santo para que pueda ser guiado y discernir el método que Dios quiere para usar orar por las personas.

La unción y la Palabra. Lo único que Dios respalda es su palabra. No debemos olvidarla, dondequiera que vayamos. Si queremos que la unción nos respalde, tenemos que predicar y hablar la palabra de Dios. Algunas personas se preguntan: ¿Por qué en nuestro ministerio no ocurre nada? Si usted se pregunta eso, revise qué está predicando; si no es la Palabra, la unción no lo respaldará.

- **Por los dones del Espíritu Santo.** Dios ha dado los nueve dones de su Espíritu con el propósito de equipar a los santos para que puedan llevar a cabo su ministerio exitosamente.

A veces, la unción de Dios fluye a través de los dones. Ahora bien, Dios no solamente fluirá de estas tres formas que acabamos de mencionar, sino que lo hará como Él quiera. Nosotros no podemos poner barreras, ni encerrar a Dios en una caja, pensando que solamente fluye de cierta forma metódica.

La unción del Espíritu Santo es dada para ministrar y bendecir a otros. No es para beneficio del ungido. Es por eso, que yo como ministro tengo que recibir mi sanidad por fe, como cualquier otro creyente, aunque a través de mi vida opere la unción de sanidad.

Los Asesinos de la Unción

Todo ministro debe procurar crear un ambiente para que la Unción se manifieste. Para eso, debe conocer al Espíritu de la Unción e identificar las diferentes razones que apagan al Espíritu. Veamos las que yo he conocido:

- **La irreverencia.** Ésta es una de las fuertes razones por las cuales la unción de Dios no se manifiesta en algunos ministerios. Nos hemos encontrado iglesias en las que, mientras la presencia de Dios se está manifestando, los niños juegan y corren en el pasillo, la gente conversa, otros están como simples espectadores, y otros se burlan de lo que sucede. Nunca veremos la Unción en nuestra vida, si no aprendemos a ser reverentes ante la misma.

El primer paso para buscar la unción de Dios y poder ministrarla, es asegurarnos de que estamos siendo reverentes. No permita el desorden de la gente. Si amamos la unción de Dios, llegará el momento en que debamos ser estrictos. Puede ser que suene pedante y regañón, pero por reverencia a la unción de Dios, tenemos que serlo; es mejor agradar a Dios antes que a los hombres.

• Las tradiciones de los hombres

"Y que cualquiera que diga esto, ya no está obligado a ayudar a su padre o a su madre. Así, ustedes han anulado el mandato de Dios para seguir sus propias tradiciones."
Mateo 15:6

Hay personas que prefieren sus tradiciones y no la unción de Dios. Desafortunadamente, cuando viene un mover nuevo del Espíritu, hay personas que se encierran en sus tradiciones y no dejan que Él traiga lo nuevo. Así Dios no puede obrar. El Espíritu Santo desciende con su unción en un lugar pero, inmediatamente, cortamos ese mover por miedo a ir en contra de nuestras tradiciones. Sin embargo, para poder fluir en la unción de Dios, debemos ser personas abiertas a los cambios, a lo sobrenatural y saber que Dios está en control.

• **La falta de deseos de moverse en la Unción.** Cada servicio de nuestra iglesia está saturado de la divina unción, porque siempre hay un gran anhelo de verla manifestada. La falta de hambre por el poder de Dios contrista al Espíritu Santo.

• **El pecado.** Cada persona que desea fluir en esa unción debe ser un vaso limpio para que Dios se manifieste con toda libertad.

Podemos concluir que, si aprendemos a fluir con el Espíritu Santo en cualquier modo que Él desee, seremos eficaces. Pero también, debemos eliminar a los asesinos de la Unción, que muchas veces, están dentro de la iglesia; y se debe tener un gran celo y reverencia hacia el Espíritu Santo para ver su unción manifestada con plenitud en la iglesia y en nuestra vida.

CAPÍTULO 8

Cómo desarrollar la unción

Cuando hablamos de desarrollar la Unción, no se trata de dar una fórmula específica. Si todos conocieran la fórmula, simplemente todos tendrían la Unción. Vamos a estudiar algunas experiencias personales y que hemos visto en otros grandes hombres de Dios, las cuales hacen que la Unción se incremente en nosotros.

El nivel de Unción en una persona depende de dos cosas:

- **Del llamado de Dios**

  Hay personas con un llamamiento muy particular del Señor y la Unción es especial sobre ellos. Dios, de manera soberana, les ha dado una gracia y un favor especiales.

- **De la consagración y la dedicación a Dios**

  Indiscutiblemente, hay personas con un llamado divino especial; pero esto no es suficiente si no hay consagración y dedicación a Dios. Todo nivel de Unción depende de la entrega, el compromiso y la consagración a Dios.

¿Cómo podemos incrementar la Unción en nuestras vidas?

* **Mediante la influencia de otros**

  Es importante que nuestra cobertura espiritual, ya sea un pastor, un ministerio o un líder esté ungida para que su influencia sea positiva. Si la cabeza no está ungida, nuestra vida será afectada de forma negativa. Pero si lo está, el impacto será positivo.

* **Por el ambiente**

  De la misma manera que escogemos cuidadosamente los líderes que nos van a influenciar, debemos escoger el ambiente que nos rodeará. Éste debe estar lleno de la unción de Dios, ya que el ambiente también nos afecta de manera positiva o negativa, según cómo sea éste.

* **Por asociación**
  Cada creyente que desea aumentar la Unción en su vida debe asociarse con ministerios, iglesias, pastores y líderes que estén llenos de la unción de Dios. Igualmente, sus amistades cercanas, deben ser personas llenas de esa unción.

  "¡Mirad cuán bueno y cuán deliciosos es habitar los hermanos juntos en armonía! Es como el buen óleo sobre la

cabeza, el cual desciende sobre la barba, la barba de Aarón, y baja hasta el borde de sus vestiduras". Salmos 133:1

La Unción fluye de arriba hacia abajo. Vamos a analizar ciertos principios bíblicos que nos ayudarán a entender esta verdad:

- **La misma unción que está sobre la cabeza fluye hacia el resto del cuerpo**

  Si nuestra cobertura espiritual o nuestro líder está frío y seco, eso mismo va a fluir hacia nosotros. ¿Cómo va ocurrir ese fluir? Por medio del ambiente, de la asociación y la influencia. Ese líder nos pasará todo lo que tiene; ya sea miedo, temor, pecado, apatía o incredulidad. Y en vez de ser creyentes ungidos, llenos del poder de Dios, viviremos derrotados y en miseria. Asóciese con ministerios, hombres y mujeres ungidos, y permanezca en un ambiente saturado de la unción de Dios.

  Es correcto seguir y asociarse con una persona ungida, siempre y cuando ésta siga a Cristo y permanezca ungida. Por ejemplo: Elías y Eliseo, Moisés y Josué, Jesús y los discípulos. Si se deja influenciar, la Unción aumentará en su vida.

- **Desarrollando una vida profunda de oración y ayuno.** A través de toda la Escritura, vemos que todos los hombres ungidos de Dios han llevado una vida de oración profunda, entregados a la comunión íntima con el Señor, y que han sacrificado su familia y su tiempo. Hombres que ahora son los héroes de la fe, no solamente por lo que Dios hizo a través de ellos, sino, también, por lo que hizo en sus propias vidas.

¿Por qué la Unción y la oración van juntas?

El Dr. *Richard Cecil* dijo: "Todos los esfuerzos del ministro serán vanos si no tiene Unción." La Unción debe bajar del Cielo y esparcirse como perfume, aromatizando, sensibilizando y moldenado su ministerio. Debemos utilizar la Biblia y la oración como medios de preparación para ejercer la Unción, y también, al concluir todo trabajo. La Unción es un don condicional que puede perpetuarse y aumentar mediante el mismo proceso con que se obtuvo: por la incesante oración, por el vivo deseo de conocer a Dios, por estimar este regalo, por buscarlo con ardor incansable, al considerar todo lo demás como pérdida y desear, con todo el corazón, que esa unción fluya en nosotros.

¿Cómo y de dónde viene la Unción?

La Unción viene directamente de Dios en respuesta a la oración. Sólo los corazones que oran constantemente están llenos con este aceite santo. Los labios que oran son los únicos en los cuales esta unción se va desarrollando. "Mucha oración" es el precio que hay que pagar para poder desarrollar la Unción en la vida de un líder.

John Wesley dijo: "Dadme cien predicadores que odien el pecado, que no deseen más que a Dios, no importa si son clérigos o laicos; solamente ellos conmoverán las puertas del Infierno y establecerán el reino de los Cielos sobre la Tierra". Dios no hace nada si no es en respuesta a la oración.

¿Qué es lo que nos debe motivar a orar? El deseo de tener comunicación con Dios, de ser usado por Él, de desarrollar la Unción, de conocer y de oír la voz de Dios y de que otras personas cambien. Podemos mencionar muchas razones que nos motivan a orar, pero lo más importante debe ser sentir ese deseo, ese profundo anhelo en nuestro corazón por querer orar, pues es lo que nos va a llevar a actuar en nuestra vida. La oración y el deseo van juntos. Lo que el justo desee, le será dado.

"Lo que el impío teme, eso le vendrá; pero a los justos les será dado lo que desean." Proverbios 10:24

Todo cristiano debe desear una comunicación con Dios, que el nivel de la Unción aumente sobre su vida y que el Evangelio progrese. Cuando de verdad se tienen esos deseos, se encuentra el motivo para levantarse por la mañana y orar. Como dije antes, el deseo lo llevará a actuar, según lo que anhele de corazón.

¿Por qué hay personas que no tienen una vida de oración constante?

* **Falta de disciplina**

  Disciplina significa sacrificio, entrega, abnegación, esfuerzo. Cuando somos disciplinados, nos convertimos en personas con hábitos formados. Si nos disciplinamos para orar todos los días, se formará el hábito y tendremos una vida de oración constante.

  Hay ocasiones en que estamos cansados y no queremos orar, pero si el deseo está en el corazón y somos disciplinados, oraremos.

* **Falta de compromiso**
  Si no tomamos una decisión firme, a largo plazo, entregándonos al Señor, tampoco tendremos una vida de oración constante. La decisión de orar tiene que ir, siempre, acompañada de compromiso y perseverancia.

* **Falta de perseverancia**

  Éste es uno de los grandes enemigos del creyente. Muchas personas comienzan a orar una semana o dos meses, pero después no continúan.

El ayuno y la oración como estilo de vida

Ayuno: es la abstención voluntaria de alimentos por un período de tiempo determinado, con la finalidad de buscar el rostro de Dios y tener comunión íntima con Él.

"Convertíos a mí con todo vuestro corazón, con ayuno y lloro y lamento". Joel 2:12

La palabra **convertíos** significa retornar al punto de partida. En este caso, retornar a buscar el rostro de Dios. Para hacerlo, necesitamos poner todo nuestro corazón, con ayuno y lloro y lamento. La sociedad de hoy está pervertida; los hijos, cada vez más rebeldes; hay falta de integridad, se rompen los valores morales y el pecado está cerca de nosotros. Nada de esto puede cambiar si no vivimos una vida de ayuno y de oración.

"Cuando ayunéis, no seáis austeros, como los hipócritas; porque ellos demudan sus rostros para mostrar a los hombres que ayunan; de cierto os digo que ya tienen su recompensa. Pero tú, cuando ayunes, unge tu cabeza y lava tu rostro, para no mostrar a los hombres que ayunas, sino a tu padre que está en secreto; y tu Padre que ve en lo secreto te recompensará en público".
Mateo 6:16-18

No espere la guía de Dios para ayunar, porque Jesús ya dijo: *"cuando ayunéis..."*, lo cual implica que usted es quien decide cuándo ayunar. Lo más importante es que el ayuno sea un "estilo de vida", así como lo fue para la iglesia primitiva. El ayuno puede ser cada semana, cada mes, cada dos meses, dos veces a la semana, parcial, absoluto o total.

"En azotes, en cárceles, en tumultos, en trabajos, en desvelos, en ayunos; en pureza, en ciencia, en longanimidad, en bondad, en el Espíritu Santo, en amor sincero...". 2 Corintios 6:5, 6 - Pablo

"Había entonces en la iglesia que estaba en Antioquía, profetas y maestros: Bernabé, Simón el que se llamaba Niger, Lucio de Cirene, Manaén el que se había criado junto con Herodes el tetrarca, y Saulo. Ministrando éstos al Señor y ayunando, dijo el Espíritu Santo: Apartadme a Bernabé y a Saulo para la obra a que los he llamado. Entonces, habiendo ayunado y orado, les impusieron las manos y los despidieron". Hechos 13:1-3

¿Cuáles son los tres tipos de ayuno bíblico?

* **Total:** éste es el que se realiza sin ingerir alimentos sólidos ni líquidos, tampoco agua. Por ejemplo: Ester y el pueblo judío: "no comieron ni bebieron".

* **Absoluto:** se hace sin comer alimentos sólidos, pero ingiriendo agua. En Mateo 4:1-11 dice: *"Y después de haber ayunado cuarenta días y cuarenta noches tuvo hambre."* En ningún momento se hace la diferencia: "no comió ni bebió"; y tampoco dice que haya tenido sed.

- **Parcial:** es el ayuno que se hace eliminando cierto tipo de alimentos y bebidas de la dieta que usualmente ingerimos; como por ejemplo, en el caso de Daniel que eliminó todos los manjares.

"No comí manjar delicado, ni entró en mi boca carne ni vino, ni me ungí con ungüento, hasta que se cumplieron las tres semanas." Daniel 10:3

Además, podemos decir que el ayuno parcial es cuando suprimimos una o dos de las principales comidas del día, como el desayuno o el almuerzo. También, es cuando solamente ingerimos frutas y vegetales.

¿Cuál es el propósito del ayuno?

Hay siete razones por las cuales debemos ayunar:

- **Honrar a Dios.**

Honramos a Dios cuando decidimos dedicar un tiempo para estar solamente con Él y buscar de su rostro. Cuando reconocemos y le damos a Dios el lugar que merece.

- **Humillarnos y arrepentirnos delante de Él.**

Cuando somos orgullosos, no lo sabemos ni nos damos cuenta, como tampoco nos damos cuenta cuando somos humildes. La arrogancia y la humildad son dos misterios. Nadie va por la vida Adm.-tiendo: "Soy orgulloso"; ni tampoco, va nadie diciendo: "Soy humilde". Es algo que uno es o no; es una condición del corazón. El único momento en que nos damos cuenta de que hemos sido orgullosos, es durante un tiempo de ayuno y oración. Esto revela nuestra condición.

"El día veinticuatro del mismo mes se reunieron los hijos de Israel en ayuno, y con cilicio y tierra sobre sí. Y ya se había apartado la descendencia de Israel de todos los extranjeros; y estando en pie, confesaron sus pecados, y las iniquidades de sus padres." Nehemías 9:1, 2

Durante el ayuno, Dios nos muestra el orgullo en nuestro interior. Él nos puede humillar en público o en privado. Si lo hace en público, la humillación es más larga, porque lo estamos resistiendo, pero si lo hace en privado la humillación es más corta, porque es iniciada por nosotros cuando el Espíritu Santo nos muestra nuestro orgullo.

"Porque así dijo el Alto y Sublime, el que habita la eternidad, y cuyo nombre es el Santo: Yo habito en la altura y en la santidad, y con el quebrantado y humilde de espíritu, para hacer vivir el espíritu de los humildes, y para vivificar el corazón de los quebrantados". Isaías 57:15

La palabra de Dios enseña que nosotros mismos debemos probar si estamos en la fe. Pero, ¿cómo nos probamos? Humillándonos en la presencia de Dios, en ayuno y en oración.

- **Enfrentar una crisis.**

Cada vez que se levanta una crisis en nuestra vida, o cuando estamos pasando desiertos, tentaciones, problemas económicos, matrimoniales, obstáculos que el enemigo levanta, es hora de ayunar y orar.

"Pasadas estas cosas, aconteció que los hijos de Moab y de Amón, y con ellos otros de los amonitas, vinieron contra Josafat a la guerra. Y acudieron algunos y dieron aviso a Josafat, diciendo: Contra ti viene una gran multitud del otro lado del mar, y de Siria; y he aquí están en Hazezon-tamar, que es En-gadi. Entonces él tuvo temor; y Josafat humilló su rostro para consultar a Jehová, e hizo pregonar ayuno a todo Judá". 2 Crónicas 20:1-3

Cuando hay un gran ejército rodeándole y tiene que enfrentarlo o cuando tiene una gran crisis, es tiempo de ayunar. Cada vez que usted enfrente una crisis, declárele guerra al enemigo, con ayuno y oración.

- **Oír y buscar dirección de Dios.**

"Confortará mi alma; me guiará por sendas de justicia por amor de su nombre". Salmos 23:3

A veces, nos encontramos en situaciones difíciles, con problemas que no sabemos cómo manejar. No sabemos si debemos golpear la roca, tirar la vara, tomar autoridad, esperar en Dios; no sabemos qué acción tomar; necesitamos oír la voz de Dios. Para esto debemos tener el ayunar como un verdadero estilo de vida.

* **Ordenar personas al ministerio.**

Cada vez que se separa a un hombre o mujer para el ministerio, debemos ayunar. Es algo que Dios toma muy en serio y es de gran importancia.

"En la iglesia que estaba en Antioquía habían profetas y maestros. Eran Bernabé, Simón (al que también llamaban el Negro), Lucio de Cirene, Manaen (que se había criado junto con Hedores, el que gobernó en Galilea) y Saulo. Un día mientras estaban celebrando el culto al Señor y ayunando, el Espíritu Santo dijo: "Sepárenme a Bernabé y a Saulo para el trabajo al cual los he llamado." Entonces, después de orar y ayunar, les impusieron las manos y los despidieron".
Hechos 13:1-3

* **Desarrollar sensibilidad espiritual.**

Durante el ayuno, se agudiza nuestra sensibilidad y percepción espirituales. Lo que, por lo general, nos cuesta entender de la Palabra, se hace claro y manifiesto; si nos cuesta oír la voz de Dios, el ayuno nos sensibiliza a ella. Los brujos, los espiritistas y los satanistas ayunan contra la iglesia de Cristo, según ellos, para que vengan más espíritus y les den más poder. Si esto es así, imagínese el poder de Dios en un creyente que ora y ayuna.

- **Desatar ligaduras de impiedad.**

"¿No es más bien el ayuno que yo escogí, desatar las ligaduras de impiedad, soltar las cargas de opresión, y dejar ir libres a los quebrantados, y que rompáis todo yugo?". Isaías 58:6

Desatar, en el idioma hebreo, significa abrir una puerta cerrada, liberar a alguien, desatar a un prisionero, desamarrar el nudo de una cuerda. Hay lazos y trampas que el enemigo ha traído a nuestra vida, que nunca se romperán sin ayuno y oración. La manera de abrir una puerta que está cerrada, ya sea de negocios, trabajo, ministerio, matrimonio, salud, entre otros, es a través del ayuno.

¿Cuáles son los pasos para ayunar?

- **Proclamar ayuno delante de Dios en voz alta.**

Cuando lo haga, dígale a Dios que tipo de ayuno va a hacer: absoluto, parcial o total; y qué tiempo durará el mismo. Proclámelo en alta voz, en el momento en que vaya a iniciar el ayuno.

- **Definir el propósito del ayuno.**

  ¿Cuál es la razón por la que está proclamando el ayuno? Pueden ser uno o más propósitos, pero debe ser específico antes de iniciar, y definir el propósito delante de Dios. Por ejemplo, podría decir: "Señor, yo proclamo ayuno por la salvación de mis hijos".

- **Pedir la asistencia del Espíritu Santo.**

  Él es nuestro consolador y confortador. Pídale la fuerza espiritual, física y aun emocional para que, mientras dure el ayuno, no se debilite. Este punto es importante porque todos somos tentados a cortar el ayuno. Si pidió ayuda al Espíritu Santo de antemano, Él le fortalecerá.

- **Recibir la recompensa de antemano.**

  "Cuando ayunéis, no seáis austeros, como los hipócritas; porque ellos demudan sus rostros para mostrar a los hombres que ayunan; de cierto os digo que ya tienen su recompensa. Pero tú, cuando ayunes, unge tu cabeza y lava tu rostro".
  Mateo 6:16, 17

  Déle gracias al Señor de antemano por la recompensa, que es la respuesta al propósito que originó su ayuno. Esto no es un negocio con Dios pero, como resultado de su búsqueda.

Él le recompensará. Dios recompensa a aquellos que le buscan con diligencia.

- **Estudiar y meditar en la palabra de Dios.**

Éste es otro ejercicio espiritual que ayuda a desarrollar la Unción. Una de las cosas que Dios le dijo a Josué, fue que meditara en Su palabra de día y de noche. Para que una persona medite en algo, de día y de noche, tiene que estar obsesionado con eso. Dios quiere que pensemos en la Palabra en todo momento.

"Nunca se apartará de tu boca este libro de la ley, sino que de día y de noche meditarás en él, para que guardes y hagas conforme a todo lo que en él está escrito; porque entonces harás prosperar tu camino, y todo te saldrá bien".
Josué 1:8

¿Qué significa meditar?

Meditar es conversar con uno mismo, para sus adentros, pensar, hablar, murmurar, atender espiritualmente, hablar con el corazón, crear ideas en el corazón, indagar en el espíritu.

¿En qué tengo que meditar?

- ❖ Debemos meditar en la ley de Dios, en sus poderosos hechos y en sus maravillas.

"Meditaré en todas tus obras; y hablaré de tus hechos."
Salmos 77:12

❖ En nuestro andar como creyentes. "Pues así ha dicho Jehová de los ejércitos: "Meditad bien sobre vuestros caminos".

Sembráis mucho, y recogéis poco, coméis, y no os saciáis; bebéis, y no quedáis satisfechos; os vestís, y no os calentáis; y el que trabaja a jornal recibe su jornal en saco roto". Hageo 1:6, 7

Los creyentes que conocen más profundamente a Dios y los hombres más ungidos son aquellos que tienen tiempo para meditar en la palabra de Dios.

Resultados de la meditación en la Palabra

• **El espíritu se desarrolla.**

La meditación en la Palabra es, para el espíritu, como el ejercicio físico para el cuerpo. Edifica y desarrolla el espíritu.

• **Se toma autoridad sobre la mente.**

A veces, hay argumentos, imágenes, pensamientos e ideas que quieren apoderarse de la mente. Pero, al meditar en la Palabra, ésta empieza a renovar la mente y logra quitar lo viejo de ella, para poner lo nuevo. Es así como se logra la autoridad sobre los malos pensamientos.

"Sean gratos los dichos de mi boca y la meditación de mi corazón delante de ti, oh Jehová, roca mía, y redentor mío".
Salmos 19:14

- **Se adquiere mayor iluminación y entendimiento.**

Mientras meditamos, Dios nos revela y nos ilumina su palabra.

"Los hombres malos no entienden el juicio; mas los que buscan a Jehová entienden todas las cosas". Proverbios 28:5

- **Nace el deseo de ser usado por Dios.**

Ésta es otra de las maneras para desarrollar la Unción del Espíritu Santo en nuestra vida. Cada uno de nosotros debe tener una gran pasión por ver la Unción desarrollada en sí mismo.

"Dios, Dios mío eres tú; de madrugada te buscaré; Mi alma tiene sed de ti, mi carne te anhela, en tierra seca y árida donde no hay aguas, para ver tu poder y tu gloria. Así como te he mirado en el santuario". Salmos 63:1, 2

Todo creyente debe tener el gran anhelo de ser utilizado por el Señor. La palabra de Dios nos habla de procurar los mejores dones.

"Seguid el amor, y procurad los dones espirituales, pero sobretodo que profeticéis". 1 Corintios 14:1

La palabra **procurad** es la traducción del griego *"zeloo"*, que significa arder de deseo, una pasión fuerte, un instinto que motiva más allá del orgullo y más allá de la habilidad de razonar. Cuando se anhela y se desea ser investido con la Unción, no hay preocupación por lo que la gente piense –Aunque Dios nos pidiera hacer nocivo para nuestra imagen o que vaya más allá de nuestro razonamiento intelectual–. Moverse en la Unción del Espíritu Santo va más allá de hacer cosas que tengan sentido para nuestra mente carnal. Por ejemplo, en Marcos 7:33 dice:

"Y tomándole aparte de la gente, metió los dedos en las orejas de él, y escupiendo, tocó su lengua...".

Cuando se mueva en la unción de Dios, a veces, Él le pedirá que haga cosas que nadie ha hecho antes.

En ocasiones, la unción de Dios viene sobre nosotros y no hacemos lo que Él nos pide, porque tenemos vergüenza o no nos atrevemos a hacer las cosas que resultan extrañas para el mundo. Por ejemplo, cuando Dios nos pide que dancemos, y no lo hacemos porque nos preocupa cómo luciremos frente a los demás. ¿Qué es lo que nos lleva a incrementar la Unción? El deseo ardiente, el instinto que nos motiva más allá del orgullo y del razonamiento. No espere entenderlo todo para obedecer a Dios. ¡Hágalo por fe!

Concluimos que no hay una fórmula específica para desarrollar la Unción, pero sí se puede incrementar al ser influenciados por personas ungidas, al permanecer en un ambiente ungido y al asociarnos con hombres y mujeres que tienen Unción. Otro modo sería, tener un gran deseo de ser usados por Dios, lo cual nos ayudará a desarrollar una vida profunda de oración y ayuno. Todas estas cosas nos llevarán a que la Unción se incremente en nuestra vida.

CAPÍTULO 9

Los ingredientes de la unción

Cada creyente desea ver la unción desarrollada en su vida. Usualmente, vemos a hombres y mujeres de Dios ser usados poderosamente en la plataforma, y esto nos produce el anhelo de andar o movernos en la misma Unción. Pero, no conocemos todo el proceso que ocurre detrás de escena. En el Antiguo Testamento, Dios ordenó preparar el aceite de la Santa Unción. Prepararlo, implicaba todo un proceso pues requería la unión de una serie de ingredientes. Cada uno de ellos tiene un significado y representa algo en nuestra vida. Conocerlos nos ayudará a entender los cómo la unción se puede incrementar en nuestra vida.

"Habló más Jehová a Moisés, diciendo: Tomarás especias finas: de mirra excelente quinientos siclos, y de canela aromática la mitad, esto es, doscientos cincuenta, de cálamo aromático doscientos cincuenta, de casia quinientos, según el siclo del santuario, y de aceite de olivas un hin. Y harás de ello el aceite de la santa unción; superior ungüento, según el arte del perfumador, será el aceite de la unción santa". Éxodo 30:22, 23

Cada ingrediente está diseñado de manera única y cada uno representa un trato de Dios en nuestra vida. Los ingredientes de la Unción son mirra, canela, cálamo, casia y aceite de oliva. El arte del perfumador es el Espíritu Santo.

"Mas a Dios gracias, el cual nos lleva siempre en triunfo en Cristo Jesús, y por medio de nosotros manifiesta en todo lugar el olor de su conocimiento. Porque para Dios somos grato olor de Cristo en los que se salvan, y en los que se pierden; a éstos ciertamente olor de muerte para muerte, y a aquéllos olor de vida para vida". 2 Corintios 2:14, 15

La mirra

En hebreo, mirra significa amargura. Es una hierba de olor muy agradable, pero de sabor amargo.

¿Qué representa la mirra?

La mirra representa los sufrimientos y la muerte de Cristo. Los magos le dieron a Jesús oro, incienso y mirra. El oro representaba la deidad, el incienso las oraciones, y la mirra el sabor amargo de la muerte que padecería. ¿Qué representa ésta última para nosotros? En nosotros, representa la muerte del viejo hombre. Dios no puede derramar su unción sobre nosotros, si antes no morimos a nuestro ego, a nuestro yo, a nuestros deseos y gustos. ¿Cómo Dios nos lleva a la muerte del ego? El proceso que Dios recibe el nombre de tratos de Dios, que implica desiertos, tribulaciones, pruebas y tormentas, soledad, entre otros.

La Unción de Dios nos capacita para morir, sin embargo, debemos morir para ejercerla. Todo creyente que anhela moverse en la unción del Espíritu Santo debe estar dispuesto a morir, a negar su ego todos los días, a obedecer a Dios en todo momento y hasta sacrificar sus deseos personales.

La canela

La canela representa firmeza y estabilidad. En los creyentes, el carácter es el fundamento para operar en la Unción. La Unción es sostenida por el carácter y no se puede derramar sobre personas inestables que no tienen fundamentos sólidos.

¿Cómo podemos aplicar esto a nuestra vida? Para que la Unción de Dios sea derramada y obre para bien, es indispensable desarrollar el carácter de Cristo en el creyente. Antes de que Dios use a un hombre en lo exterior, lo tiene que cambiar en su interior. La canela representa los dones del Espíritu y el carácter de Dios en nosotros. Por ejemplo, el apóstol Pablo nos enseña que la manera más eficaz para moverse en los dones es a través del amor, que es un fruto del Espíritu.

La casia

En hebreo, casia significa doblarse, humillarse, adorar. La casia es una planta olorosa como la canela.

¿Qué representa la casia?

La casia representa la adoración y la humillación al Señor. El Señor requiere nuestra adoración para poder derramar su unción. En otras palabras, tenemos que convertirnos en verdaderos adoradores para que la unción de Dios se manifieste en nuestra vida.

"Mas la hora viene, y ahora es, cuando los verdaderos adoradores adorarán al Padre en espíritu y en verdad; porque también el Padre tales adoradores busca que le adoren. Dios es Espíritu; y los que le adoran, en espíritu y en verdad es necesario que adoren." Juan 4:23, 24

Vamos viendo cómo cada ingrediente representa algo en nuestra vida. La mirra es la muerte de nuestro ego; la canela desarrolla el carácter de Cristo en nosotros; la casia representa nuestra adoración a Dios.

El cálamo

En el idioma hebreo, cálamo es una caña; una hierba rojiza que huele a jengibre y crece en la rivera de las corrientes de agua.

¿Qué representa?

La caña representa autoridad. Antes de que Dios nos entregue su unción y su autoridad, nosotros debemos estar bajo autoridad; esto es estar bajo sumisión. No importa cuál sea nuestro llamado, todos necesitamos y debemos tener una cobertura espiritual, a la cual debemos rendirle cuentas y someternos.

El aceite de olivas

Antes, el aceite era extraído de las olivas maduras, las cuales eran llevadas a una cisterna y machacadas con unas piedras pesadas, para quitarles la cáscara y, así, extraer el aceite. Luego, el aceite permanecía en la cisterna por un tiempo, para que salieran las impurezas. La suciedad subía a la superficie y se desechaba. La piedra que se usaba para machacar las olivas se llamaba, en hebreo, *"Gath Shemen"*, *"Getsemaní"* y su traducción es molino de aceite. La palabra de Dios nos enseña que Jesús fue llevado a *Getsemaní* (para ser exprimido y machacado). Allí fue donde Él rindió su voluntad.

¿Qué representa esto para nosotros?

El aceite representa el ser pasados por el proceso de muerte en el *Getsemaní*. Ésta es una tipología de cómo somos machacados y exprimidos para que brote la esencia de lo que somos en Dios. Es en este punto, en que sale todo lo sucio y lo escondido de nuestra vida. Además, es donde se lleva a cabo la muerte del *yo* y de nuestra voluntad; es el lugar donde Dios trata, purifica y procesa los motivos más esenciales de nuestro accionar, de por qué hacemos lo que hacemos.
¿Qué tiene que ver todo esto con la Unción?

Dios purifica, primero, nuestras motivaciones, para poder derramar su Unción; la cual no es para nuestro propio beneficio, sino para servir y bendecir a otros.

Ahora, vamos a resumir el significado de cada ingrediente y cómo aplicarlo en nuestra vida.

La mirra representa la muerte del ego, el sufrimiento, los desiertos, las pruebas y tribulaciones en nuestra vida. La canela representa el desarrollo del carácter de Cristo con los dones del Espíritu. La casia representa la adoración; la humillación y rendición delante de Dios. El cálamo representa autoridad y la sumisión a la autoridad. El aceite de olivas representa los tratos de Dios en nuestra vida. Nuestro ego es machacado y, cómo consecuencia, logramos la purificación de los motivos por los cuales hacemos las cosas. Entonces, cuando hemos pasado por todo este proceso, viene el arte del perfumador (el Espíritu Santo) y nos unge con su perfume, su poder, su gloria.

Cada hombre y mujer de Dios que desee moverse poderosamente en la unción del Espíritu Santo, debe entender que hay que atravesar un proceso. Cada uno de nosotros debemos estar dispuesto a pasar ese proceso y dejarse preparar como recipiente aprobado para portar esa unción.

CAPÍTULO 10

Razones por las cuales se pierde la unción

D ios le ha dado Unción a muchas personas, pero desafortunadamente, no todas han sabido mantenerse ungidas. Hay diferentes razones por las cuales eso sucede, pero vamos a ver las más comunes.

¿Por qué una persona puede perder la Unción?

- **Por no separarse para Dios.**

En hebreo, hay dos vocablos que describen la palabra **separar**. *"Nazar"* que significa **separar de**, y es la misma raíz que *nazareno*. Es una demostración visible de separación. Cuando Dios separa a una persona, lo primero que hace es apartarla del mundo, de las cosas externas que dañan su relación con Él. Por otro lado, el segundo vocablo es *"Kohodesh"*, el cual significa **separar para**. Éste es el tipo de separación que produce santidad. Implica separarse para Dios. Algunos hombres se separan del mundo, de las cosas visibles, pero no se separan para Dios. Esta separación es producto de una relación íntima con Dios.

Nazar no produce santidad, es la demostración visible de algo. Por ejemplo: no toques, no manejes, o no hagas tal o cual cosa. Pero la persona no se santifica cuando trata de separarse *de* las cosas malas, sino cuando se separa *para* Dios. Una santidad está basada en obras y la otra, en la relación con Dios.

¿Qué es lo que nos separa para Dios?

La única manera de comenzar el proceso de separarse para Dios es el personal de oración, la búsqueda de su presencia, la lectura de la Palabra, nuestro tiempo de íntima comunión con Él.

- **Por no conocer los caminos de Dios.**

Muchos hombres y mujeres de Dios conocen Sus obras y su poder, pero no conocen sus caminos. La Escritura enseña que Dios le mostró al pueblo de Israel obras pero a Moisés le mostró sus caminos.

¿Cuáles son los caminos de Dios?

Los caminos de Dios son los por qué, los cómo, los cuándo, los qué y los cuáles de Dios. Es aquello que le agrada, el sentir de su corazón y sus planes.

"Sus caminos notificó a Moisés, y a los hijos de Israel sus obras". Salmos 103:7

¿Cuáles son las obras de Dios?

Las obras son el poder de Dios manifestado, es la sanidad, es la liberación, es abrir el Mar Rojo, entre otras. Dios ha ungido a muchas personas, pero por desdicha, ellas no se ocupan de conocer los caminos de Dios, sino sus obras. Está bien hacer sus obras, pero Dios desea más que conozcamos sus caminos. Estamos acostumbrados a lo magnífico, a lo espectacular, a los dones, a las habilidades, pero muy poco concentrados en conocer a Dios. Creo que si nos ocupamos primero de conocerlo a Él, luego, Dios hará milagros, sanidades y poderosas obras por medio de nosotros.

- **Por no permanecer en humildad.**

La humildad va más allá de darle la gloria a Dios. La verdadera humildad es mantener una perspectiva limpia de todas las circunstancias. Algo que produce humildad en el ser humano es reconocer sus propias debilidades. La humildad nos capacita para recibir de Dios y reconocer sus caminos como los mejores, aunque no los entendamos. También, nos hace verdaderos adoradores y nos enseña a confiar en Él.

- **Por comprometer la Palabra**

A veces, el enemigo viene a tentarnos con el fin de que comprometamos los principios bíblicos. Hay hombres que comprometieron la palabra de Dios por dinero, fama, sexo y otras vanidades.

"No amen al mundo, ni lo que hay en el mundo. Si alguno ama al mundo, no ama al Padre; porque nada de lo que el mundo ofrece viene del Padre, sino del mundo mismo. Y esto es lo que el mundo ofrece: los malos deseos de la naturaleza humana, el deseo de poseer lo que agrada a los ojos, y el orgullo de las riquezas". 1 Juan 2:15, 16

- **Por abusar del don de Dios.**

El don de Dios no es dado para beneficio propio; no se puede comprar ni vender.

"No recibirás presente; porque el presente ciega a los que ven, y pervierte las palabras de los justos". Éxodo 23:8

El don de Dios tampoco es para la exaltación personal ni para la ganancia deshonesta. Debemos ser fieles administradores de la unción de Dios.

Grandes comienzos

En las Escrituras, encontramos a varios hombres que perdieron la Unción. Algunos de ellos fueron:

- **Sansón**

Sansón tuvo un nacimiento sobrenatural. Era un individuo muy fuerte y el Espíritu Santo estaba sobre él. La fuerza que desplegaba no era natural, sin embargo, su carácter no estaba a la altura de su unción.

"Y la mujer dio a luz un hijo, y le puso por nombre Sansón. Y el niño creció, y Jehová lo bendijo." Jueces 13:24

Sansón despedazó a un león, rompió cuerdas y mató a 30 hombres él solo. En sus comienzos, la unción de Dios estaba en Él de manera poderosa.

* **Saúl**

Los comienzos de Saúl fueron de sumisión, de humildad y de obediencia.

"E hizo llegar la tribu de Benjamín por sus familias, y fue tomada la familia de Matri; y de ella fue tomado Saúl hijo de Cis. Y le buscaron, pero no fue hallado. Preguntaron, pues, otra vez a Jehová si aún no había venido allí aquel varón. Y respondió Jehová: He aquí que él está escondido entre el bagaje". 1 Samuel 10:21, 22

Tristes Finales

* **Gedeón**

Rompió los ídolos de su padre y construyó uno él mismo.

"Y les dijo Gedeón: Quiero haceros una petición; que cada uno me dé los zarcillos de su botín (pues traían zarcillos de oro, porque eran ismaelitas)". Jueces 8:24-26

Le puso por nombre a su hijo, Abimelec, que significa mi padre es Rey. Se olvidó de la humildad y, en al principio, se negó a señorear sobre el pueblo. La causa de su caída fue la falta de humildad.

- **Sansón**

Rechazó el consejo de sus padres de casarse y se unió a una mujer filistea. La causa de su caída fue el pecado (sexual).

"Y ella le dijo: ¿Cómo dices: Yo te amo, cuando tu corazón no está conmigo? Ya me has engañado tres veces, y no me has descubierto aún en qué consiste tu gran fuerza". Jueces 16:15

- **Saúl**

Hizo sacrificio delante de Dios cuando no era su llamado. Ceder a las presiones de las personas, la falta de paciencia para esperar en Dios, la desobediencia y el temor al enemigo fueron las razones por las cuales Saúl perdió la Unción.

"Y Samuel dijo: ¿Se complace Jehová tanto en los holocaustos y víctimas, como en que se obedezca a las palabras de Jehová? Ciertamente, el obedecer es mejor que los sacrificios,

y el prestar atención que la grosura de los carneros. Porque como pecado de adivinación es la rebelión, y como ídolos e idolatría la obstinación. Por cuanto tú desechaste la palabra de Jehová, él también te ha desechado para que no seas rey. Entonces Saúl dijo a Samuel: Yo he pecado; pues he quebrantado el mandamiento de Jehová y tus palabras, porque temí al pueblo y consentí a la voz de ellos. Perdona, pues, ahora mi pecado". 1 Samuel 15:22-24

• **Giezi**

La causa de perder la Unción fue el amor al dinero (2 Reyes 5:1-27)

Aunque los dones y el llamado son irrevocables, permanecen en nosotros toda la vida. En cambio, con la Unción no es así. Tenemos que conducirnos correctamente porque, de otra manera, la podemos perder. De la misma forma que cada uno de estos hombres de Dios tuvo comienzos maravillosos y fueron usados poderosamente por el Señor, muchos de ellos terminaron muy mal. Se separaron para Dios, pero no permanecieron en humildad; no aprendieron a conocer los caminos del Señor. Tampoco, supieron usar el don correctamente y, como consecuencia, terminaron perdiendo la Unción.

Aprendamos a tener temor de Dios en nuestros corazones para mantenernos hasta el final y cumplir con el llamado que Dios nos ha dado. Entonces, ¿se puede perder la Unción? Sí, se puede perder.

Pidamos al Señor que nos ayude a permanecer puros, limpios y a vivir siempre en Su temor, sin menospreciar lo que Él nos ha dado.

La Unción de Dios ha sido dada a todo creyente; a unos, en un nivel mayor, y a otros, en un nivel menor. Sin embargo, cada uno debe atreverse a fluir y a activar la Unción para que sea derramada. Cuando Dios nos unge, no debemos olvidar desarrollar nuestro carácter, glorificar al Señor siempre y bendecir a otros.

CAPÍTULO 11

Cómo recibir un manto de Unción

A menudo, se escucha, en los círculos carismáticos cristianos, acerca del manto de Unción en un hombre o en una mujer. Pero para poder apreciarlo, primero, debemos entender, realmente, qué es y cómo podemos recibir el manto de la Unción.

¿Qué es un manto?

Figurativamente, el manto es una representación de la unción y del poder de Dios sobre la vida de un hombre o una mujer. Un manto es, normalmente, un traje en forma de capa, que va por encima de otra ropa y sirve para proteger el cuerpo de los elementos externos. El uso más común de la palabra **manto** es cubrir, proteger y arropar. Un ejemplo bíblico de cómo recibir un manto fue el de Elías y Eliseo. Eliseo pidió una doble porción de la Unción que tenía su mentor Elías y, esa petición, le fue concedida cuando éste partió. Elías le dejó a Eliseo el manto de su unción.

¿Cómo se recibe un manto?

De acuerdo a lo visto en la Escritura, hay diferentes formas de recibir un manto. Éstas no son las únicas, pero sí, las más comunes que se mencionan en la Biblia.

- **La impartición directa de Dios**

  Éste es el caso en el que Dios unge a un hombre directamente, sin la mediación de otro hombre o mujer, como fue el caso de Jesucristo.

"El Espíritu del Señor está sobre mí, por cuanto me ha ungido para dar buenas nuevas a los pobres; me ha enviado a sanar a los quebrantados de corazón, a pregonar libertad a los cautivos y vista a los ciegos, a poner en libertad a los oprimidos". Lucas 4:18

¿Cuándo sucede esto? Esto ocurre cuando el hombre es ungido y se le encomienda una obra pionera, que es la de hacer cosas que nadie antes ha hecho y la de abrir camino a otros. Por lo tanto, es una unción de precursor por la cual Dios hará milagros, prodigios y señales que nunca antes se han visto. Debemos tener en cuenta que no han tenido un mentor que les haya enseñado, sino que Dios los ha ungido directamente.

El Señor siempre usará mentores para impartir un nivel de unción en nuestra vida, pero en este caso, la mayor parte se recibe por la impartición directa de Dios al hombre.

- **La toalla del servicio a otro hombre**

En la Biblia, ésta es la manera más común para recibir un manto de unción. Aunque Dios puede usar cualquier forma, en este caso usa a un mentor o padre espiritual para impartirnos un manto. La toalla del servicio a otro hombre o mujer es una de ellas. Veamos un ejemplo en la palabra.

"Jehová le dijo: Ve, vuelve por el mismo camino, hacia el desierto de Damasco. Llegarás y ungirás a Hazael como rey de Siria". 1 Reyes 19:15

Elías acababa de cortarles la cabeza a los profetas de Baal y hacer descender fuego y lluvia del Cielo, pero al saber que Jezabel quería matarlo, se desanimó. Entonces, Dios le dio órdenes de ir a ungir a Hazael como rey de Siria. Mientras Elías se dirige hacia allá, se encuentra con Eliseo y Dios le dice: "ya es tiempo de que delegues y entregues el manto a otro. Tu tiempo ya terminó en la tierra, de manera que ahora tienes que impartirle ese manto a alguien"; ese alguien fue Eliseo. Elías pasó al frente de Eliseo y le tiró su manto.

Veamos algunos puntos importantes en los versículos siguientes.

"Partió de allí, Elías y halló a Eliseo hijo de Safat, que estaba arando. Delante de él iban doce yuntas de bueyes, y él conducía la última. Elías pasó ante él y echó sobre él su manto.

Entonces dejó los bueyes, salió corriendo detrás de Elías y le dijo: —Te ruego que me dejes besar a mi padre y a mi madre; luego te seguiré. Y él le dijo: —Ve, regresa; ¿acaso te lo he impedido? Regresó Eliseo, tomó un par de bueyes y los mató; con el arado de los bueyes coció luego la carne y la dio al pueblo para que comieran. Después se levantó, se fue tras Elías y lo servía". 1 Reyes 19:19-21

Cuando esto sucedió, podemos observar que:

❑ *"Eliseo estaba arando".* Esto nos da a entender que Dios no unge a alguien que no está trabajando. El Señor dará el manto a aquellas personas que están ocupados sirviendo. No espere recibir un manto si usted no está sirviendo a Dios y a su pueblo.

❑ *"Eliseo vino caminando en pos de Elías".* Hay personas a quienes Dios quiere ungir, pero cuando les llega la oportunidad, están ocupadas en otras cosas. Notamos aquí que Eliseo no estaba conforme con el nivel donde se encontraba, sino que quería crecer. Él oraba a Dios para que lo ungiera, pero mientras tanto, trabajaba para su padre. Su obediencia fue incondicional, por eso recibió el manto.

❑ *"Y se volvió y tomó un par de bueyes y los mató".* Eliseo quiso estar seguro de que no volvería atrás, y celebró con el pueblo lo que había estado esperando por tanto tiempo. Dio todo lo que tenía, tomó una decisión radical.

❑ *"Se levantó, fue tras Elías y le servía"*. Ésta es la clave del asunto. Para que Eliseo recibiera el manto que estaba sobre la vida de Elías, tuvo que servirle; esa fue la manera que Dios escogió. Los historiadores creen que Eliseo sirvió a Elías por 30 años. Lo que hizo Eliseo fue que se puso la toalla del servicio y comenzó a servir al hombre de Dios.

¿En qué le servía Eliseo a Elías?

Eliseo servía a su mentor llevándole la ropa, lavándole los pies, cargando su maleta, orando por él cuando estaba desanimado, llevándole agua, limpiándole el sudor cuando ministraba, manejando su carro, cargando su Biblia, estando con él en las buenas y en las malas, viendo el poder de Dios manifestarse por medio de él, entre otros. Fueron 30 años de servicio, y llegó el momento en que Dios quiso levantar a Elías.

"¹Aconteció que cuando Jehová iba a alzar a Elías en un torbellino al cielo, Elías venía con Eliseo de Gilgal. ²Y Elías dijo a Eliseo: —Quédate ahora aquí, porque Jehová me ha enviado a Bet-el. —¡Vive Jehová y vive tu alma, que no te dejaré!—le dijo Eliseo. Descendieron, pues, a Bet-el".
2 Reyes 2.1, 2

Cuando llegaba el momento de heredar su manto, Elías intenta alejar a Eliseo, pero éste le contesta con un hebraísmo: *"Vive Jehová y vive tu alma, que no te dejaré"*. Esta expresión significa: "mientras permanezcas ungido, no te dejaré, hasta que reciba tu unción".

Elías trató de separarse de Eliseo en cuatro ocasiones, (quiso ir a Gilgal, a Bet-el, a Jericó y al río Jordán), pero en todas Eliseo le dijo: "No, yo estaré contigo".

"En cuanto pasaron, Elías dijo a Eliseo: —Pide lo que quieras que haga por ti, antes que yo sea arrebatado de tu lado. Eliseo dijo: —Te ruego que me dejes una doble porción de tu espíritu". 2 Reyes 2:9

Eliseo no le pidió ni riquezas, ni tierra, ni fama, le pidió lo que él tanto había añorado y lo que había pedido en sus oraciones por treinta años: una doble porción de su espíritu. Algo notable aquí es que no le pidió una doble porción del Espíritu Santo, sino del espíritu de Elías. ¿Qué significa eso? Significa que Elías había recibido una unción, que acumuló en su espíritu por muchos años. Al mismo tiempo, había acumulado sabiduría, conocimiento, revelación, poder, autoridad y santidad. En ese momento, estaba listo para impartir todo lo que tenía acumulado. Entonces, Eliseo le pidió a Elías el doble de lo que tenía en su espíritu.

Aprendamos algo muy importante. Nadie puede impartir algo que ha acumulado, si no lo tiene en su espíritu. También, podemos observar que cualquier hombre ungido puede orar por nosotros, imponer manos y recibir unción de Dios, pero no puede impartir su manto. El manto solamente es impartido sobre otro hombre cuando éste ha servido al hombre de Dios por mucho tiempo.

Hay muchos ministros que el Señor todavía no se ha llevado porque no ha encontrado hombres a los que se les pueda transferir un manto. La razón principal es que esta generación ha perdido la toalla del servicio. Mi consejo para usted como creyente, pastor, evangelista, maestro, apóstol y profeta es: Sirva a su líder y a su pastor, póngase la toalla del servicio, y recibirá como herencia su manto. Elías responde a la petición de Eliseo:

"...Cosa difícil has pedido —le respondió Elías—. Si me ves cuando sea separado de ti, te será concedido; pero si no, no".
2 Reyes 2:10

La Unción de Dios tiene una condición: "pagar el precio". Ésta no puede ser impartida, a menos que la persona haya pagado el precio. Si estamos dispuestos a pagarlo, entonces recibiremos la Unción.

Inmediatamente después de estar hablando, a Eliseo le llega el momento que tanto había esperado. Puedo imaginar a Eliseo recordando cuando servía a Elías...

"Aconteció que mientras ellos iban caminando y hablando, un carro de fuego, con caballos de fuego, los apartó a los dos, y Elías subió al cielo en un torbellino. Al ver esto, Eliseo clamó: «¡Padre mío, padre mío! ¡Carro de Israel y su caballería!». Y nunca más lo vio. Entonces Eliseo tomó sus vestidos y los rasgó en dos partes". 2 Reyes 2.11, 12

Cuando Eliseo recibió el manto de Elías, imagino que lloraría diciendo: "Valió la pena seguir y servir a este hombre. Valió la pena haber sido juzgado y criticado con él, y los regaños que recibí de él. Valió la pena haber dejado mi tierra, mis propiedades mi ganado. Valieron la pena los momentos de soledad a su lado, la espera y los desvelos. Todo lo que hice valió la pena por este manto de unción que he recibido. Nada en este mundo se compara con la unción maravillosa del Espíritu Santo.

"Alzó luego el manto que se le había caído a Elías, regresó y se paró a la orilla del Jordán. Después tomó el manto que se le había caído a Elías, golpeó las aguas, y dijo: «¿Dónde está Jehová, el Dios de Elías?». Apenas hubo golpeado las aguas del mismo modo que Elías, éstas se apartaron a uno y a otro lado, y Eliseo pasó. Al verlo, los hijos de los profetas que estaban al otro lado en Jericó dijeron: «El espíritu de Elías reposó sobre Eliseo». Fueron enseguida a recibirlo, se postraron delante de él". 2 Reyes 2:13-15

Ejercer la Unción

¿Era cierto que Eliseo había recibido la doble porción del espíritu de Elías? Él tiró el manto en el Río Jordán y éste se abrió en dos. En ese instante, se dio cuenta de que, de verdad, había recibido el manto. Notemos algo: cuando Eliseo clama por la señal de la Unción, dice: "Padre mío". Creo que sólo los hombres que tienen un corazón de padre pueden transferir un manto de unción. Así, Eliseo conocía a Elías como su padre. Su relación era fraternal.

Una de las razones por las cuales muchos hombres de Dios no han logrado multiplicarse en otros, es que no tienen un corazón de padre y, además, no les interesa que otros puedan hacer lo mismo que ellos, pues están inseguros acerca de su unción.

¿Cuál fue el resultado final?

Eliseo recibió el manto de Elías, su mentor, padre y amigo, a través de servirlo durante treinta años. Elías realizó ocho milagros y Eliseo realizó 16. El último milagro lo obtuvo ya muerto, cuando la unción almacenada en sus huesos resucitó a una persona. Así, se cumplió la palabra de la doble porción (2 Reyes 13:21). Si usted desea un manto de unción, acérquese a hombres ungidos, sírvales, ayúdelos, apóyelos y, cuando sea su tiempo, usted recibirá su propia unción. Recuerde, cuando se sirve a un hombre o a una mujer con unción, no se está sirviendo al hombre, sino a la unción y al manto que hay sobre ellos.

Mencionemos otros ejemplos bíblicos cuando hubo una impartición del manto, como lo fue en el caso de Moisés con Josué y de Jesús con sus discípulos. El método más común en la Biblia para recibir un manto es mediante la imposición de manos. Veamos lo que dice la siguiente escritura: *"Y Josué hijo de Nun fue lleno del espíritu de sabiduría, porque Moisés había puesto sus manos sobre él…"*. *Deuteronomio 34:9*

Podemos concluir que un manto se puede recibir de dos maneras:

Directamente de Dios. Esto ocurre cuando Dios encomienda un trabajo pionero a una persona. No hay un padre aquí en la tierra que enseñe o discipule; por lo tanto, es necesario que aprendamos del Señor. Él imparte directamente la Unción en nuestra vida sin la intervención de otra persona.

Por medio del servicio al hombre o la mujer de Dios. Cuando servimos a otro hombre o mujer, y llegado el tiempo, Dios nos dará la misma unción que está sobre la persona que servimos.

¿Hay otras formas en las que Dios imparte su manto? Sí, las hay; pero las más comunes en la Biblia son las que acabamos de estudiar.

❧ Conclusión ☙

L os principios que he compartido a lo largo de las páginas de este libro, son el resultado del estudio riguroso de las Sagradas Escrituras, de una íntima relación con Dios y de la experiencia desarrollada durante los años de ministerio. Es mi oración que usted sea impactado y desafiado mediante su lectura, para que pueda profundizar más en esta área y así escalar a mayores niveles en su caminar con Dios.

Recuerde que no podremos lograr grandes resultados en nuestros ministerios, sin la unción del Espíritu Santo. Esta unción no se obtiene de modo automático, sino que es el producto de un proceso mediante el cual Dios nos lleva a negarnos a nosotros mismos y a desarrollar el carácter de Cristo. En este proceso, Dios utiliza métodos que a veces resultan incomprensibles, pero que son sus propios diseños trazados, para que podamos avanzar a otras dimensiones, en las que Él manifestará lo sobrenatural desde otra perspectiva.

La clave de todo esto es la obediencia, el servicio a Dios y a la persona que Él ha puesto como cobertura sobre uno, sin olvidarnos de que la Unción no es para glorificar a un hombre sino a Jesús; y que en el tiempo establecido por Él, usted recibirá su manto de Unción.

LIBROS POR GUILLERMO MALDONADO

Ascendiendo en oración y descendiendo en guerra
Como ayunar efectivamente
Cómo oír la voz de Dios
Cómo ser libre de la depresión
Como volver al primer amor
Descubra su propósito y su llamado
El carácter de un líder
El fruto del Espíritu
El ministerio del apóstol
El reino de Dios y su justicia
Esperanza en tiempos de crisis
Evangelismo sobrenatural
Fundamentos Bíblicos para el nuevo creyente
Jesús sana tu enfermedad
La doctrina de Cristo
La familia feliz
La generación del vino nuevo
La inmoralidad sexual
La liberación, el pan de los hijos
La madurez espiritual
La oración
La toalla del servicio
La unción Santa
Lideres que conquistan
Los peligros de no perdonar
Necesito un padre
Sanidad interior y liberación

----
* Libro disponible en ingles
Manual de estudio disponible en español e ingles

171

Para encontrar la librería local más cercana o para comprar directamente de la casa editorial:
sales@erjpub.org
www.erjpub.org

ERJ Publicaciones
13651 SW 143 Ct #101
Miami, FL 33186
(305) 233-3325

℘ Bibliografía ℘

Biblia de Estudio Arco Iris. Versión Reina-Valera, Revisión 1960, Texto bíblico copyright© 1960, Sociedades Bíblicas en América Latina, Nashville, Tennessee, ISBN: 1-55819-555-6.

Diccionario Español a Inglés, Inglés a Español. Editorial Larousse S.A. Impreso en Dinamarca, Núm. 81, México, ISBN: 2-03-420200-7, ISBN: 70-607-371-X, 1993.

Biblia Plenitud. 1960 Reina-Valera Revisión, ISBN: 089922279X, Editorial Caribe, Miami, Florida.

Dolar, Crefo Jr. *Understanding God's Purpose for the Anointing,* Editorial & Creative; servicio provisto por Vision Communications 169 E. 32nd. Edmon, OK 73013 ISBN: 0-9634781-0-9, año 1992 pp. 31, 52.

El Pequeño Larousse Ilustrado. 2002 Spes Editorial, S.L. Barcelona. Ediciones Larousse, S.A. de C.V. México, DF, ISBN: 970-22-0020-2.

Expanded Edition the Amplified Bible. Zondervan Bible Publishers. ISBN: 0-31095168-2, 1987 – Lockman Foundation, USA.

Packer, JI. *Ilustrated Manners and Customs of the Bible,* por, M.C. Tenney Editors, Editorial Thomas

Nelson Publishers, Inc., año 1980, Nashville, Tennesse 37214-1000. USA ISBN: 0-7852-1231-0, pp. 246, 319.

Maxwell, John. *Desarrolle el Líder que está en usted*, Editorial Caribe/Betania/ Thomas Nelson, año 1996. ISBN: 0-88113-293-4, pp. 13, 51, 169.

Munroe, Myles. *Becoming a Leader*, Editorial: Pneuma Life Publishing, año 1993, ISBN: 1-56229-401-6, pp. 155, 156, 159, 160.

Hagin, Kenneth E. *Understanding the Anointing*, Editorial: Faith Library, Kenneth Hagin Ministries. Tulsa Ok. Año 1983, pp. 11, 37, 78, 119, 149.

Vine, W.E. *Diccionario Expositivo de las Palabras*, Nuevo Testamento. ISBN: 84-7645-044-3 ISBN: 84-7645-118-3. Editorial Caribe, Inc. / División Thomas Nelson, Inc., año 1999, pp. 333, 558, 925, 926.

Damazio, Frank. *The Making of a Leader*, Editorial BT Publishing, ISBN: 0-914936-84-0, año 1988, pp: 284, 285, 286, 291, 293, 303.

Reina-Valera 1995 - Edición de Estudio, (Estados Unidos de América: Sociedades Bíblicas Unidas) 1998.

Sanders, Oswald J. *Liderazgo Espiritual*, Editorial Portavoz/filial de Kregil, año 1995, ISBN: 0-8254-1650-7, pp. 119, 155.

Strong James, LL.D, S.T.D., Concordancia Strong Exhaustiva de la Biblia, *Editorial Caribe, Inc., Thomas Nelson, Inc., Publishers, Nashville, TN; Miami, FL, EE.UU., 2002. ISBN: 0-89922-382-6.*

The New American Standard Version. *Zordervan Publishing Company, ISBN: 0310903335.*

The Tormont Webster's Illustrated Encyclopedic Dictionary. ©*1990 Tormont Publications.*

Ward, Lock A. *Nuevo Diccionario de la Biblia.* Editorial Unilit: Miami, Florida, ISBN: 0-7899-0217-6, 1999, pp. 1040.